民族教育信息化教育部重点实验室

云南省高校民族教育与文化数字化支撑技术工程研究中心

国家自然科学基金项目"基于 e-Science 的民族信息资源融合与语义检索研究"

国家软科学项目"西南地区民族教育信息化建设与发展战略研究"

教育部人文社会科学研究项目"民族教育信息资源语义化融合管理与创新服务体系研究"

民族教育信息化文丛

Digital Construction and Service of
National Education Information Resources

民族教育信息资源数字化建设与服务

甘健侯 袁凌云 张姝 等◎著

科学出版社

北 京

内 容 简 介

在中国教育信息化迅猛发展的浪潮下，加强教育信息资源数字化建设和服务能力的必要性与重要性越发突显。不断丰富教育信息资源和完善教育信息资源的服务能力一直都作为教育信息化工作要点中的重要任务，其中民族教育信息资源的建设、开发与服务既是重点也是难点问题。

本书在教育部《教育信息化技术标准》的指导下，从民族教育信息资源建设与服务两个角度展开探讨。全书共分为十二章，主要内容包括民族教育信息资源本体库与知识库的构建、语义检索模型与服务系统的设计与开发、个性化服务用户模型与推荐系统的设计与开发、民族教育信息资源云平台建设等。

本书从基本概念入手，深入浅出、注重应用、涉及知识领域较广，并将内容落实到具体技术和解决方案中，使读者易懂易用。希望本书不仅给民族教育信息资源建设者提供技术参考，同时能成为一本推广民族教育信息化的普通读物。

图书在版编目(CIP)数据

民族教育信息资源数字化建设与服务 / 甘健侯，袁凌云，张姝等著. —北京：科学出版社，2015.12

（民族教育信息化文丛）

ISBN 978-7-03-044185-0

Ⅰ.①民… Ⅱ.①甘… ②袁… ③张… Ⅲ.①数字技术-应用-少数民族教育-资源分配-研究-中国 Ⅳ.①G759.2-39

中国版本图书馆 CIP 数据核字（2015）第 087659 号

丛书策划：付 艳 汪旭婷
责任编辑：朱丽娜 孙文影 乔艳茹 张翠霞/责任校对：李 影
责任印制：张 倩/封面设计：楠竹文化
编辑部电话：010-64033934
E-mail：fuyan@mail.sciencep.com

科 学 出 版 社 出版
北京东黄城根北街 16 号
邮政编码：100717
http://www.sciencep.com

中国科学院印刷厂 印刷
科学出版社发行 各地新华书店经销

*

2015 年 12 月第 一 版 开本：720×1000 1/16
2015 年 12 月第一次印刷 印张：13 3/4
字数：233 000
定价：96.00 元
（如有印装质量问题，我社负责调换）

《民族教育信息化文丛》编辑委员会

总　序

　　当前，边疆民族地区经济相对落后、区域发展不均衡、教育结构不甚合理，民族教育仍是实现国家教育现代化所亟需弥补的短板。随着现代信息技术的迅猛发展及其在教育中的应用日益广泛和深入，民族教育"追赶式"和"跨越式"发展的时代诉求，催生了"民族"、"教育"和"信息技术"的多学科交叉融合，全新的"民族教育信息化"研究领域应运而生。如何利用信息化手段破解民族教育难题，推进优质资源共享，缩小区域教育差距，提升民族教育质量，实现民族教育均衡发展是民族教育信息化的核心内涵。

　　伴随着教育信息化从"互联网"到"互联网＋"的升级转型，我国民族教育信息化的事业发展迎来了千载难逢的历史机遇。国务院《关于推进"互联网＋"行动的指导意见》《关于加快发展民族教育的决定》等指导性政策文件的相继出台，不仅从国家战略的高度指明了民族教育信息化建设发展的总体方向，而且赋予了民族教育信息化全新的发展内涵。2011 年 7 月，教育部科技司批准成立我国第一个教育类教育部重点实验室——民族教育信息化教育部重点实验室（由云南师范大学负责建设）。在国家大力重视教育信息化建设的新形势下，推动云南省教育发展，尤其是民族地区教育信息化建设，是重点实验室义不容辞的责任，也是重点实验室服务云南省教育发展的重要体现。近年来，重点实验室集中学术研究资源和研究队伍，对教育学、民族学、心理学和信息科学等多学科进行交叉融合，形成了跨区域、跨部门和跨行业的民族教育信息化协同体，集中开展了"民族教育资源信息化""信息化学习环境""信息化学习环境中的学习行为""民族文化教育资源信息化应用"四个方向的研究。通过理论研究的示范作用和实践运行的窗口功能，重点实验室致力于有效带动边疆民族地区教育水平的整体提升，促进区域教育均衡发展及实现教育公平，为少数民族地区教育事业发展做出了应有的贡献。

　　作为全国首个教育类的教育部重点实验室，"摸着石头过河"的探索与实践既是前进道路上的必然选择，也是助推国家民族教育信息化事业发展应有的担当。重点实验室积极与华中师范大学、华东师范大学、中国科学院计算机网络信息中心、中国科学院信息工程研究所等高校和科研机构开展深度合作，并与云南省民族宗教事务委员会、云南民族大学、楚雄师范学院、玉溪师范学院、红河学院、曲靖师范学院等单位建立实验室联合研究基地，协同开展民族教育信息化的基础理论和实践研究，探索民族教育信息化的未来发展之路。

《民族教育信息化文丛》是重点实验室的代表成果，也是全国第一套系统论述民族教育信息化相关知识的书籍。本套丛书计划出版著作 10 余部，其中，《民族教育信息化概论》侧重于民族教育信息化基础理论和方法的研究；《民族教育信息资源数字化建设与服务》《跨境民族教育研究》《民族文化教育研究》等著作侧重于民族教育信息化方法论在民族教育资源开发、跨境民族教育，以及民族文化教育领域的实践和拓展；《少数民族儿童汉语学习研究》侧重于信息化环境下少数民族儿童汉语学习的实证研究；《信息技术与课程教学融合》《教育信息化应用软件开发实践》《"互联网＋民族教育"创新应用探索》等著作侧重于信息技术在民族教育中的深度应用研究。本套丛书深入探索教育信息化与民族教育的融合，多视角研究民族教育信息化建设的发展战略与建设问题，并探讨系统性、跨学科的民族教育信息化协同建设和多元动态协同机制，开展民族教育信息化建设的应用研究、人才培养和综合示范等方面的研究。

由于我国民族教育信息化的研究尚处于起步阶段，本套丛书所呈现的研究成果仅为重点实验室近年来在民族教育信息化方面所做工作的理论整理和实践总结。本套丛书关于民族教育信息化基础理论、学科知识、研究方法和应用实践的阐释，可能还存在诸多不完善的地方，但"他山之石，可以攻玉"，我们寄望与广大同行交流，不断深化对民族教育信息化基本理论问题的研究。另外我们也希望吸引更多的专家、学者共同参与到民族教育信息化的研究领域中，为我国民族教育事业的发展贡献重要力量。

本套丛书的出版离不开重点实验室各协同部门、联合研究基地、云南省哲学社会科学"民族教育与边疆发展"研究创新团队、云南省高校民族教育与文化数字化支撑技术工程研究中心等师生的辛勤工作；另外，本套丛书得到了国家科技支撑计划项目、国家科技惠民计划项目、国家自然科学基金项目、国家社科基金项目和国家软科学项目等的资助；科学出版社的各位同仁也为本套丛书的出版提供了大力支持，在此一并表示感谢。

伊继东

2015 年 9 月 9 日于云南昆明

前　言

随着网络技术的迅速普及和不断深化，社会的发展与信息技术的关系越来越密切，信息化已经成为这个时代的标志，联系到教育改革和发展，教育信息化已成为政府高度重视的重点工作。作为一个多民族的国家，民族地区教育信息化建设的推进和落实逐渐引起重视。国家中长期教育改革和发展规划纲要（2010～2020 年）明确提出，全面提高少数民族和民族地区教育发展水平、加强民族优质教育资源开发与应用、建立开放灵活的教育资源公共服务平台。因此，民族教育信息资源数字化建设和服务开发已成为当前重要的研究课题。

经过多年的民族教育信息化实践，研究团队撰写完成《民族教育信息资源数字化建设与服务》一书。此书主题明确，专注于民族教育信息资源建设与开发、利用与服务两个维度。我们以期通过本书的出版，能加快民族教育信息资源开发和建设步伐，推进民族教育信息化进程。

本书分为两篇，共十二章。第一篇为民族教育信息资源建设，主要介绍我们在民族教育信息资源建设方面的一些研究成果和应用案例，包括民族教育信息资源库建设规范的修改和完善、民族教育信息资源本体库的建设、多源异构民族教育信息资源知识库的构建及多源异构民族教育信息资源知识的融合等方面。第二篇为民族教育信息资源服务，针对民族教育信息资源服务相关内容，提供一些民族教育信息资源服务系统、模型和方法等，包括语义检索与知识服务相关理论及技术、民族教育信息资源语义检索模型的构建及过程、民族教育信息资源语义检索及知识服务系统设计与开发、民族教育信息资源个性化服务用户模型设计、民族教育信息资源个性化服务模式的构建与实现，以及民族教育信息资源个性化信息推荐技术研究等。此外，考虑到当前的发展趋势，基于云计算平台，研究云环境下民族教育信息资源服务模型的设计，并初步构建了民族教育信息资源云计算服务平台，作为民族教育信息资源服务的一种新的模式。

　　本书由甘健侯、袁凌云、张姝等著，甘健侯教授的整个团队为本书的撰写做出了贡献。其中，袁凌云、张姝、文斌参与整本书的构思、策划与撰写；王俊参与第一章、第二章、第六章、第八章的撰写；夏跃龙参与第四章、第五章的撰写；张俊波参与第一章、第三章、第七章、第八章的撰写；明文钦参与第一章、第九章、第十章、第十一章的撰写；李冬艳参与第十二章的撰写。同时，在本书的写作过程中，还得到了许多同行和业内人士的大力支持和帮助，在此深表感谢。

　　知识、技术、意识都在不断进步和发展，本书受限于作者水平，难免有不足之处，敬请广大读者不吝批评和指正，这将促使我们不断地提高和进步。

甘健侯
2015 年 12 月

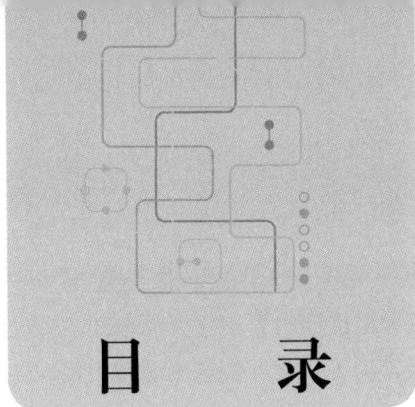

目 录

第二篇 民族教育信息资源服务

第一篇

民族教育信息资源建设

.

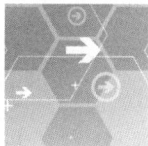

第 一 章

民族教育信息资源概述

民族教育资源信息化一直以来都受到国家的重视，各省（自治区、直辖市）都重视发展自己的民族文化特色，以各种不同的方式表现出来。广义的民族教育是指民族居民对本民族文化的传承，以及对外来文化引进、消化和吸收的过程；狭义的民族教育则专指少数民族文化知识的教育。对于民族教育信息资源，则凡是涉及少数民族或少数民族地区关于教育方面的信息，都属于民族教育信息资源的范畴；凡是论述少数民族人物和用少数民族文字书写的信息，无论属于哪个学科，都应该算作民族教育信息资源。一般把民族教育信息资源理解为少数民族地区有关民族教育方面信息资源的总和。如何对这些民族教育信息资源进行有效开发和利用，是当下的重要研究课题，同时，对民族文化的传承和保护也具有重要的现实意义和实用价值。

第一节　民族教育信息资源的内涵

一、民族教育资源

关于资源的定义，《辞海》的解释是："资财的来源，一般指天然的财源。"《汉语大辞典》的解释是："生产资料或生活资料等的来源。"[①] 资源的一般概念定义为：在一定历史条件下能被人类开发利用以提高自己福利水平或生存能力的、具有某种稀缺性的、受社会约束的各种环境要素或事物的总称。资源的根本性质是社会化的效用性和对于人类的相对稀缺性，而两者均依赖人类的需要而成立。

---

① 周鸿铎．信息资源开发利用策略．北京：中国发展出版社，2000．

民族教育资源，就是进行民族教育这种特殊的社会活动（人才和知识的生产活动）所需要的各种要素的总称。一般来说，民族教育生产所投入的主要是人力资源、物力资源、财力资源，这是狭义的民族教育资源概念。民族教育除需要这三种资源投入外，还得以信息为媒介，需要消耗一定的时间。在人力资源、物力资源、财力资源的基础上，再加上信息资源、时间资源，共五种资源①，形成了民族教育资源的广义概念。简单来说，民族教育资源就是进行民族教育这种特殊的社会活动所需要的各种民族文化资源的总和，包括物质文化、行为文化、精神文化和制度文化四个方面的各种应用在教育活动中的资源。

民族教育资源，主要是从教育的价值而不是经济的价值来考察民族文化，在社会发展的进程中除了能将民族文化中的精华和积极成分作为民族创造财富的工具和方法外，还必须从中挖掘出能继续满足民族生存发展需求的教育价值。这种教育价值的核心在于让学生能够了解自身的历史和文化，欣赏自身的特色，挖掘自身的潜能，激发自身的创造力，同时学会理解和尊重文化多样性的价值，对他人敞开胸怀，培养各民族学生开放的心灵，使具有不同民族文化背景的人能和谐相处，使不同的民族文化共同繁荣。

二、民族教育信息资源

所谓民族教育信息资源，凡是涉及少数民族或少数民族地区教育方面的信息，无论是国内的还是国际的，都属于民族教育信息资源范畴；凡是论述少数民族人物和用少数民族文字书写的信息，无论学科范围，都应算作民族教育信息资源的范畴。一般将民族教育信息资源理解为少数民族地区有关民族教育方面信息资源的总和。

从某一少数民族或族群的广泛的文化资源中根据一定的原则和方法筛选出具有教育价值和意义的资源，并对其进行一定的加工，纳入基础教育系统中进行配置和建设，达到既保存资源、传承民族文化，又培养具有跨文化精神和运作能力的个体的目的。

从广义上看，民族教育信息资源是指有利于达到民族教育目的的各种因素，狭义的民族教育信息资源仅指教学内容的直接来源。根据民族教育的实际情况，

---

① 卓焕雄.民族教育资源初探.民族教育研究，1990，（2）：40-52.

我们可以选择并拟定一个更具有操作性的民族教育信息资源概念，即民族教育信息资源是指形成民族教育内容的因素来源与实施民族教育必要而直接的条件。一方面是因素来源，如主要有民族语言文学中的教育资源、民族民间艺术中的教育资源、民族节庆习俗中的教育资源、民族传统知识中的教育资源等；另一方面是实施民族教育必要而直接的条件，如媒介、设备、设施，以及决定实施范围和水平的人力、物力、财力等。

第二节　民族教育信息资源的特征

一、一般民族教育信息资源的特征

民族教育信息资源种类繁多，而且比较复杂，为了进一步加深对民族教育信息资源的认识和理解，我们需要分析民族教育信息资源的特征。

（一）民族性

任何民族文化必然存在于特定的地域空间和具体的历史时间之中，这是民族文化的基本属性。少数民族文化虽然外延较广，包括少数民族创造的传统知识、传统风俗习惯等，其内涵都是"依托各民族主体创造出来的，不是某个人的行为及其代表，而是其民族的代表，在该民族群体内得到广泛认同的基础上显示出价值，并在该民族群体内传播、延续，能够通过历史的不断传承逐渐形成当地文化的一部分"。在民族教育信息资源中，民族性体现为专指某一民族独有，深深打上该民族烙印，体现特定民族独特思维方式、智慧、世界观、价值观、审美意识和情感表达等因素的资源表现形式。

（二）发展性

民族教育信息资源是民族历史文化传承的载体之一，是少数民族文化精神的体现。可依据民族教育信息资源的多种表现形式对特定民族文化进行存储和传播。但这样的传播过程却是一种动态发展的过程，是继承与变革、共性与个性的辩证结合。民族教育信息资源的产生，常常与当地的历史、文化和民族特色相融合，从而呈现出继承和发展并存的状态。虽然有变化地发展，如"口头文学的叙述、音乐的演奏、戏剧的表演等，总是被人赋予某种时间性和以人为载体的动态表现"，但仍然存在基本的一致性①。

（三）地域性

每个民族都有自己特定的生活和活动的地域，该地域的自然环境对该民族有很大影响，进而会在此基础上形成该民族的文化特征。"一方面，作为历史积淀下来的生活形式，代表了该民族在其生活地域内文化的传统特色；另一方面，地域性在某种程度上加强了民族文化遗产和民族之间的内在联系，从而使其区别于一般意义上的创作活动。每个民族都有不同于其他群体的文化遗产，这些各具特色的文化形式在构成人类文化多样性之余，还成为不同民族、不同群体之间的文化鉴别标志。"② 即使是同一民族，由于生活环境的不同，文化的传承也会有所差异，如果环境差异较大，文化资源也会表现出较大差别，这便是地域文化的特征表现。

（四）传承性

文化传承的教育价值是它反映了一种内化的文化现象。少数民族文化通常是代代相传并保留某种特质，其过程是连续的。然而，在传承过程中随着外界环境的改变，传承的内容和形式也会随之发生改变。一般来说，通过语言教育、模仿、学习等方式，一些民族特有的技能、技巧、技艺可流传到下一代，正是这种传承才使民族文化遗产的保存和延续有了可能。

二、云南民族教育信息资源的特征

（一）云南民族教育信息资源的多样性

云南除了汉族之外，还有 25 个少数民族，是全国少数民族种类最多的省份。其中，白族、哈尼族、傣族、景颇族、傈僳族、纳西族、阿昌族、拉祜族、基诺族、佤族、德昂族、布朗族、普米族、独龙族、怒族 15 个民族是云南独有的③。这些民族虽然发展程度不同、人口差异较大，但各个民族都有着自己的历

---

① 普丽春. 少数民族非物质文化遗产教育传承研究——以云南为例. 北京：民族出版社，2010：12，28，37.

② 吴馨萍. 无形文化遗产概念初探. 中国博物馆藏品研究，2004，(1)：66-70.

③ 刀福东，胡发稳. 云南省 25 个世居少数民族受教育状况分析. 红河学院学报，2005，3 (1)：79-83.

史。经过历史的变迁，民族之中发生过许多的分化、融合、重组，最终形成了不同的民族。不同民族有着不同的语言、艺术、宗教、习俗、节庆、服饰、手工艺和建筑等。例如，丽江纳西族的东巴象形文字，是世界上现存最古老的文字。婚嫁习俗方面，摩梭人至今仍保留着母系家庭对偶婚。孩子从母居，血统世系按母系计算，男不娶，女不嫁，只缔结"阿夏"（情侣）关系。建筑方面，如白族的三坊一照壁、哈尼族的蘑菇房、傣族的竹楼、彝族的土掌房等。服饰方面，如傣族的筒裙、景颇族的银饰戎服、纳西族的七星披肩、彝族的天菩萨和披毡、德昂族的藤篾腰箍等。

（二）云南民族教育信息资源的封闭性

由于云南民族在历史的长河中，人口流动性相对较小，社会开放程度低，与云南这片土地关系密切，形成了各个民族"小聚居"的现象，不同的地区发展水平参差不齐。云南处于云贵高原，山势险峻，阻碍了交通，也阻碍了与其他地区的交流。

（三）云南民族教育信息资源的历史价值性

云南民族的历史可以追溯到远古时期的元谋旧石器时代。这段历史可以证明云南人从文明之初就参与了中国民族的历史创造。久远的历史留下了许多珍贵的资源，如元谋人化石（距今约170万年）剑川海门口遗址（青铜器时代）、剑川石钟山石窟（南诏国时期）和近代的茶马古道遗址等，都是云南民族创造历史的见证。所以，云南民族教育资源有着很高的历史价值性。

第三节　民族教育信息资源建设现状

我国一直重视民族教育信息资源建设，在20世纪80年代就开始在全国范围内组织开展少数民族相关的古籍文献的搜集、整理和出版等工作。经过几十年的建设和发展，取得了卓越的成绩，民族教育信息资源建设已经具有一定的特色与规模。

一、民族地区特色资源建设

一直以来，因为地理环境和经济文化等原因，我国少数民族地区（如云南、西藏、贵州等）的民族教育信息资源建设的总体水平始终落后于东南沿海发达地区，各个民族地区之间的发展也有差异，但是多年以来各个民族地区的图书馆始终坚持结合民族发展特色和鲜明的地区特色藏书，建立了具有少数民族特色的文献收藏体系，成为我国少数民族教育信息资源建设的重要力量。

在民族地区的图书馆中，各省级图书馆、各民族高等院校图书馆的工作尤为出色。例如，新疆大学图书馆存有现代版新疆少数民族文种（维吾尔文、哈萨克文、柯尔克孜文、乌孜别克文、蒙古文等）文献 15 000 余种，16 万余册；古籍文献 31.1 万册，其中明、清善本书 800 余种，近 14 000 册；民国书刊 6 万册；新疆地方文献 8000 余册。其中，尤以《资治通鉴》（元刻明递修本）、《新西域记》《清实录》《刘锦棠奏稿》原件（刘锦棠为清朝第一任新疆巡抚）等汉文古代文献和《突厥语大词典》《福乐智慧》等少数民族古代文献最为突出。此外，波斯文、阿拉伯文、察合台文、回鹘文、蒙古文等古代少数民族文种手抄本为新疆大学图书馆特藏①。目前，新疆大学图书馆纸张载体文献资源总量达 200 余万册，中外文电子文献数据库 40 余种，已经形成具有一定规模的民族地方文献藏书体系，为保存我国西南民族地区和新疆地区的历史、文化资源，为世界民族学和人类文明史的研究做出了伟大的贡献。

各个民族高等院校也根据所在地方的特色和院校自身学科特色收藏大量民族文献和地方资料，有的院校已成为某一民族学科的研究中心。例如，贵州民族大学图书馆长期坚持特色资源建设和特色服务的发展思路。馆藏文献中，贵州世代居住民族文献、贵州地方文献资料、傩文化研究资料、贵州少数民族服饰及图片资料占有重要地位，馆藏特色初步形成；收藏有包括贵州水书文献资料、贵州彝族文献资料、贵州各民族文学史、贵州民间文学选粹丛书、贵州少数民族古歌资料、贵州少数民族民间医药资料及贵州少数民族地区地方志等贵州世居少数民族的文献资料约 5 万余册。云南民族大学图书馆在民族学、少数民族语言文学、文化人类学、云南民族史、地方史、西南民族史、民族文化、中国少数民族社会历史调查资料等方面具有一定特色。

二、民族教育信息资源再生利用

各民族地区不仅重视建立少数民族文献资源藏书体系，也重视对民族文献

---

① 刘运红．新疆高校留学生图书文献服务现状调查．新疆职业大学学报，2014，22（4）：72-80.

的整理和加工，积极利用现有的文献资料，开发出具有民族地区特色的再生文献资源。这不但有利于保存珍贵的文献资源，更有利于了解少数民族文献入藏情况，也提高了文献的检索和利用率，为民族教育提供信息服务。

云南省图书馆编著出版了《云南地方志述评》《云南地方文献概说》和《历代宦滇督抚生平概略》专著，为云南省地方文献学术研究、禅理立论方面做出了贡献。云南民族大学图书馆主编了《西南地区民族院校图书馆馆藏民族文献联合目录》《民族文献提要（1949—1989）》和《民族文献提要续编（1990—1999）》。

三、网络民族教育信息资源建设

随着互联网技术和计算机技术的迅速发展，民族教育信息资源网络化建设有了长足进步。各类民族教育信息资源网站大量出现，使得互联网上的民族教育信息资源非常丰富。其具体包括如下类型。

（1）民族事务机构网站。例如，国家民族事务委员会（http：//www.seac.gov.cn）、云南省民族宗教事务委员会主办的云南民族宗教网（http：//www.ynethnic.gov.cn/）、广西壮族自治区民族事务委员会（http：//www.gxmw.gov.cn）、河南省民族事务委员会（http：//www.hnmw.gov.cn/）等机构都开通了各自的网站，宣传相关的民族政策与民族法规。这些网站还设立了民族经济栏目，把民族地区的特产等资料发布到网上，促进当地民族经济发展。

（2）单个民族网站。通过网上调查，以一个民族为主题的网站有30多个，如（按照民族名称拼音首字母）侗族、回族、蒙古族、苗族、纳西族、羌族、土家族、维吾尔族、锡伯族、藏族等西部少数民族。土家族文化网（http：//www.tujiazu.org.cn）、三苗网（http：//www.3miao.net）、中国藏族网通（http：//www.tibet3.com/）等，这些网站都是以互联网为传播媒介，为民族教育、经济和文化服务，传播民族文化，增进少数民族人民与国内外各民族人民的团结和友谊。

（3）民族文化网站。这类网站主要介绍民的相关文化，传播民族文化知识，如56民族文化（http：//www.56china.com/）、贵州民族文化网（http：//www.gzmzwhw.cn/）、华夏民族文化网（http：//www.ssmzl.com/）等。

（4）民族学术网站。这一类网站主要为民族研究工作者获取信息、进行交流提供基础，如中国社会科学院民族文学研究所的中国民族文学网（http：//

iel. cass. cn）、民族研究（http：//qk. cass. cn/mzyj/）、中国民族网（http：//www. minzu56. net）等。

（5）民族教育网站。民族院校，如中央民族大学（http：//www. muc. edu. cn/）、中南民族大学（http：//www. scuec. edu. cn/）、云南民族大学（http：//www. ynni. edu. cn/）、广西民族大学（http：//www. gxun. edu. cn/）、贵州民族大学（http：//www. gzmu. edu. cn/）、西藏民族大学（http：//www. xzmy. edu. cn/）、北方民族大学（http：//www. nwsni. edu. cn/）等都建立了自己的网站，借助网络的力量为民族教育事业的发展做出贡献。

四、民族教育信息资源特色数据库

随着互联网技术和计算机技术的发展，文献信息资源共享方式有着巨大的改变，由原来局部的纸质文献共享逐步向现代化网络共享的方式转变，文献资源数字化是信息社会发展的必然之路。现代社会需要具体、独特的应用信息和经过加工、整理、分析而成的特色数据信息。民族地区逐步认识到，加强特色数据库的建设，加速民族教育资源数字化进程，是在竞争激烈的信息社会中充分发挥出民族资源的特色和优势的关键。例如，内蒙古自治区图书馆的"蒙古文化艺术资源库"对蒙古族舞蹈、蒙古族音乐、蒙古族服饰、蒙古族文化、乌兰牧骑等内容进行了全面介绍，通过文字、图片、视频等多种方式，展现了蒙古族独特的草原文化和艺术魅力。云南大理白族自治州图书馆建立的特色数据库包括南诏大理文献资料室、大理人文、大理旅游和民族特色四大内容，对于人们了解大理的历史、人文、旅游等有很大的帮助。新疆维吾尔自治区图书馆建立了地方文献特藏部，主要收藏反映新疆地区政治、经济、科技文化、历史地理等方面的地方史料、地方志、行业志及新疆各少数民族的汉文文献。宁夏图书馆建立的特色库资源，包括回族及伊斯兰文化、文化娱乐、非物质文化遗产、宁夏地方人文资源、文献资源、西夏文化等。

其他如云南民族大学图书馆建设的中国西南民族特色文献研究中心，广泛收集了大量的民族文献资料，对其进行整理、修复、翻译出版和数字化建设，目的在于加强民族文献资源互借和交流，培养开发民族文献的人才等，及时抢救和保护西南少数民族文化遗产。

四川省图书馆现拥有123TB的数字资源，已经发展成为我国西部最大的公益性文献基地，成为国家"全国文化信息资源共享工程"和"全国联合编目中心"的西部中心①，已经完成和投入使用的少数民族特色专题数据库包括四川文化名人库、四川省高校图书馆馆藏西南少数民族文献数据库、四川省旅游信息数据库、藏族唐卡数据库、西部少数民族历史文化资料库、绵竹年画数据库等。四川大学图书馆开发的"巴蜀文化特色库"独具巴蜀（四川和重庆）地域及其历史和人文特色，全面覆盖巴蜀的地方历史、文化相关的文献资源；该数据库体现了四川大学图书馆在巴蜀地方文献收藏上的特有优势和馆藏特色。西南民族大学图书馆的特色资源，包括少数民族教育信息资源数据库、康区藏族文献数据库、羌族研究文献数据库、藏族信息资源数据库、彝族研究文献数据库和摩梭文献等。

第四节　民族教育信息资源建设的发展前景

一、民族教育信息资源建设的必要性

（一）繁荣发展少数民族文化事业

少数民族文化是各民族生命力、凝聚力和创造力的重要源泉，是中华民族的共有宝贵资源和精神财富。多姿多彩的少数民族文化增强了中华文化的生命力和创造力。繁荣发展少数民族文化事业，是建设绿色经济强省、民族文化强省和我国面向西南开放的重要桥头堡的需要，有着重大而深远的意义。

（二）提高民族地区教育信息化水平，促进民族教育均衡发展

我国民族教育实质上是"多元一体教育"模式，即帮助学习者获得在国家主流文化中生存所需要的知识、技能和态度，同时帮助学习者掌握在本民族文化和其他民族文化背景中发展所需的能力。教育信息化在促进民族教育现代化进程中发挥了巨大的作用，但也面临着诸多亟待解决的问题，如民族教育信息化发展的不平衡日渐凸显、资源建设与民族教育发展需求不同步、民族教育信息化建设区域性不协调、信息环境与学习效能不匹配、民族文化资源的数字化、民族地区信息化环境建设研究匮乏、民族文化国际教育不足等。因此，开展民族教育信息化可以为民族教育提供有力支撑，促进民族教育的均衡化发展，缩

① 图书馆　四川省图书馆. http：//blog. sina. com. cn/s/blog＿70297bd60100ovqr. html，2013.

小区域教育发展的差距，具有重要的区域价值和国家意义。

（三）有助于民族文化的保护与传承

日益频发的自然灾害及民族文化自身存在形态限制等制约，使民族文化的破坏和丧失极为严重。为了及时抢救民族文化资源，同时将其保护、传承，并最终发扬光大，亟需对民族文化进行挖掘性抢救。文化数字化可以将文化遗产通过技术手段转换成数字化形态，充分应用信息技术对其进行数字勘探、挖掘，使其重现和再生，并通过多媒体数据库技术得以永久保存后，利用互联网向世界传播。通过民族文化数字化，可以保持不同民族文化的独特性，从而保持世界文化多样性，促进人类文化的发展和弘扬。

二、存在问题分析

通过分析以上研究，发现存在以下问题。

（1）资源分散，组织混乱。目前各级各类民族教育资源库很多，但资源分散、标准不一，资源质量良莠不齐，资源利用率很低，各个资源库之间重复内容较多。

（2）缺乏统一标准，关键技术不强，服务质量不高。目前我国的民族教育信息资源还处于相对匮乏的境地，各种教育资源分散、异构、复杂。如果采用传统方式实现教育资源整合，需要的周期较长、成本较高，教育资源建设还需要统一的标准和规范。所以，需要对教育资源的规范进行统一化、标准化，并完成相关的服务研究，满足各类学者的需要。

三、对策及发展前景

关于民族文化资源或民族教育信息资源的建设，已经引起极大关注，是非常有前景的一个研究及应用领域。当然，目前已有部分成果出现，但总体来说，还不成规模和体系，是比较零散的，且缺乏相应的标准和体系。因此，以后的研究和开发应该朝着规模化、标准化、服务化方向发展。具体可从以下几个方面实施。

（1）修改和完善民族教育信息资源库建设规范，制定民族教育信息资源建设、共享和服务标准。

（2）构建民族教育信息资源库。

（3）建设民族教育信息资源本体库。

（4）建设民族教育信息资源知识库。

（5）开发民族教育信息资源检索系统和搜索引擎，提供民族教育个性化信息及个性化推荐服务。

（6）建立民族教育信息资源云平台，并提供基于云平台的民族教育信息资源服务。

第五节　本 章 小 结

本章全面介绍了民族教育信息资源的概念和内涵，多方面总结和展示了民族教育信息资源的建设情况，如民族地区特色资源建设、民族教育信息资源再生利用、民族教育信息资源网站、民族教育信息资源特色数据库等，分析了目前民族教育信息资源建设存在的问题与相应对策，并指出了该领域未来的发展前景。

第 二 章

民族教育信息资源库建设规范

　　建设教育信息资源库是教育信息化实施过程的基础，需要长期建设与维护。因为不同种类和不同复杂程度的教育资源数量过于庞大，加之不同的资源使用者对教育资源的理解有差异，所以有许多不同种类、不同属性的教育资源，难以统一管理和利用。为了更有效地建设好各级各类教育信息资源库，促进各级各类教育信息资源库之间的数据共享，保证教育信息资源库建设的质量，提高教育资源检索的效率与准确度，非常有必要制定教育信息资源库建设规范。本章着重介绍云南少数民族教育信息资源的特性及教育信息资源库建设规范，并根据民族教育信息资源的特性，对教育信息资源库建设规范进行修改和完善，让其更符合民族教育资源的需求，形成民族教育信息资源库建设规范。

第一节　教育信息资源建设技术规范概述

　　教育资源建设主要分为三类：①素材类教育资源建设。素材类教育资源主要分为九大类，即媒体素材、试题、试卷、文献资料、课件、网络课程、案例、常见问题解答和资源目录索引。②资源建设的评价。③教育资源管理系统的开发①。

　　其中，素材类教育资源建设是基础，是需要规范的重点；第二个层次是资源建设的评价，需要对评价的标准规范化；第三个层次是教育资源管理系统的开发，是工具层次的建设。素材类资源的内容丰富，不同类型的资源有着不同的属性，对应的教育资源管理系统必须适应这些不同的素材，充分展示这些资源。

---

　　① 教育部教育信息技术标准委员会，CELTS-41.1（CD1.0），教育资源建设规范．http：//www.celtsc.edu.cn/content/jxzyl/40288b88391ed5fd01391edbb05d000e.html＃．

教育部教育信息化技术标准委员会发布的《教育资源建设技术规范(CELTS-41.1)》[①]的主要作用是规范教育资源开发者在开发制作资源时要注意哪些细节、管理系统的功能要达到什么程度，而不是规定系统的功能和数据结构，开发者可以根据系统需求自行调整。这个规范主要从两个角度进行规范：一是用户的角度，对教育资源的哪些属性进行标注能让用户方便使用这些教育资源；二是管理者的角度，规定管理这些教育资源的管理信息系统应该具备哪些功能。

第二节　教育信息资源建设技术规范

一、教育资源数据模型

(一) LOM 模型[②]

国际电气与电子工程师学会 (Institute of Electrical and Electronics Engineers，IEEE) 下的一个规范教育资源、教育信息系统开发管理和维护的标准化组织学习技术标准委员会 (Learning Technology Standards Committee，LTSC) 提出了 LOM 模型。1998 年 3 月 LTSC 发布了该模型的草稿。LOM 模型影响非常大，是当前关于网络教育资源的最重要的数据模型之一，它主要规范了九个方面的数据信息，如表 2-1 所示。

表 2-1　LOM 标准九个方面的数据信息

序号	名称	标志	解释
1	通用信息	General	主要是关于资源的标志和分类、检索属性等的信息，它与资源应用的上下文环境无关
2	生存周期	Lifecycle	主要是关于资源生存周期方面的信息，如版本号、状态、日期、创建信息等
3	数据描述信息	MetaData	描述关于数据格式方面的信息，定义数据类型，如标志符、角色、类别说明、语言等
4	技术信息	Technical	教育资源技术方面的信息，如格式、大小、位置类型等

---

① 教育部教育信息化技术标准委员会. CELTS-41.1 CD1.0，教育资源建设技术规范. http://web. gdut. edu. cn/vdj/peixun/jiangyi/jiangyi _ zyjs/guifan. pdf［2002-12-25］.

② Learning Technology Standards Committee. 学习技术标准委员会 LOM 模型. http://baike. baide. com/view/994645. htm［2007-06-13］.

续表

序号	名称	标志	解释
5	教育信息	Educational	资源的教育等特性，如交互类型、交互级别、语义密度、难度、学习时间等
6	价值信息	Cost	有关资源的价值和价格方面的信息，如版权及其他限制信息等
7	关联信息	Relation	主要描述资源与其他资源的关联信息，如类别、关联资源等
8	注释信息	Annotation	主要是关联资源教育应用评论方面的信息，如评论人、注释、注释内容等
9	归类信息	Classification	描述资源的归类信息，如关键词描述、语言等信息

（二）都柏林核心[①]

都柏林核心（Dublin Core，DC）是数字图书馆中常用的 15 个"核心元素"的元数据元素集合，主要作用在于描述数字对象、馆藏管理和元数据交换。这 15 个元数据不仅可以用于电子文献目录，也可以用于各类电子化的公务文档目录，以及产品、商品、藏品目录，具有很好的实用性。

Dublin Core 的制定者从传统的图书馆读者通过目录查询借取所需图书的方法得到启示，认为网络上检索电子文献资源，也可以借助于反映这些电子文献资源的目录信息。于是 Dublin Core 的拟定者们参照图书馆目录查询的模式，制定了 15 项广义的元数据，如表 2-2 所示。

表 2-2　Dublin Core 的 15 项广义元数据

序号	名称	标志	定义	解释
1	名称（title）	Title	分配给资源的名称	使资源众所周知的有代表性的正规名称
2	创作、制作者（creator）	Creator	制作资源内容的主要责任实体	创作、制作者包括个人、组织或机构，应该是用于标志创作、制作者实体的具有代表性的名称
3	主题及关键词（subject and keywords）	Subject	资源内容的主题	用以描述资源主要内容的关键词语或分类号码表示的有代表性的主题词
4	说明（description）	Description	有关资源内容的说明	说明可以包括但并不限于摘要、内容目次、内容图示或内容的文字说明

续表

序号	名称	标志	定义	解释
5	出版者 (publisher)	Publisher	对制作资源有重要作用的责任实体	如包括个人、组织或机构的出版者，应该是用于标志出版者实体的有代表性的名称
6	发行者 (contributor)	Contributor	对资源内容负有发行责任的实体	发行者包括个人、组织或机构，应是用于标志发行者实体的有代表性的名称
7	时间（date）	Date	与资源使用期限相关的日期、时间	资源产生或有效使用的日期、时间。推荐使用ISO8601［W3CDFT］定义的编码形式，跟随的是YYYY-MM-DD形式
8	类型（type）	Type	资源内容方面的特征或体裁	类型包括种类、功能、体裁或作品集成级别等描述性术语。推荐从可控词表（如Dublin Core Types［DCT1］中选用有关术语。对于资源物理或数字化方面的表示，采用"格式"项描述
9	格式（format）	Format	资源物理或数字化的特有表示	格式可包括媒体类型或资源容量，也可用于限定资源显示或操作所需的软件、硬件或其他设备，如资源容量包括数据所占空间和存在期间
10	标识 (identifier)	Identifier	依据有关规定分配给资源的标识性信息	推荐使用依据格式化标识系统规定的字符或号码标识资源，如正规标识系统包括统一资源标识符（URI）、统一资源地址（URL）、数字对象标识（DOI）及国际标准书号（ISBN）、国际标准刊号（ISSN）等
11	来源（source）	Source	可获取现存资源的有关信息	可从原资源整体或部分获得现有资源。建议使用正规标志系统确定的字符或号码标引资源来源信息
12	语言 (language)	Language	资源知识内容使用的语种	推荐使用由RFC1766定义的语种代码，它由两位字符（源自ISO639）组成。随后可选用两字符的国家代码（源自ISO3166），如"en"表示英语，"fr"表示法语
13	相关资源 (relation)	Relation	对相关资源的参照	推荐依据正规标志系统确定的字符或号码标引资源参照信息

序号	名称	标志	定义	解释
14	范围（coverage）	Coverage	资源内容的领域或范围	包括空间定位（地名或地理坐标）、时代（年代、日期或日期范围）或权限范围
15	版权（rights）	Rights	持有或拥有该资源权利的信息	包括资源版权管理的说明版权信息，通常包含智力知识内容所有权（IPR）、著作权和各种拥有权。如果缺少版权项，就意味着不考虑有关资源的上述版权和其他权利

这 15 个元数据全面地概括了电子文献资源的主要特征，涵盖了资源的重要检索信息（名称，创作、制作者，主题及关键词）、辅助检索信息或关联检索信息（出版者、发行者、标识、来源、相关资源），以及有价值的说明性信息（说明、时间、类型、格式、语言、范围、版权）。这 15 个元数据简洁、规范，不仅适用于电子文献资源目录，也适用于各类电子化的公务文档目录，具有很好的实用性。利用 Dublin Core 可以解决电子资源的标准问题，但可能有多种技术实现手段。在图书馆电子资源领域中使用最多、效果最好的两种技术手段是 XML 和 RDF。

二、教育资源的类型

《教育资源建设技术规范（CELTS-41.1）》将教育资源分为以下九个种类。

（1）媒体素材。媒体素材是教育信息资源的基础，一般又分为五种类型：文本类素材、图形/图像类素材、音频类素材、视频类素材、动画类素材。

（2）试题。试题的属性包括题类、题型、难度、区分度、考试要求、试题内容、参考答案、评分标准、保密度、曝光时间等。

（3）试卷。试卷可以理解为按照一定方式编排的试题的集合，除了试题具有的属性外，试卷还具有信度与效度等属性。

（4）课件。课件是通过确定教学目标、分析教学内容和任务、设计教学活动结构等步骤后制作的课程软件。根据运行平台划分，分为单机版课件和网络版课件。网络版课件能在网页浏览器中直接运行，而且通过网络教学环境共享给学习者；单机版课件通过下载或复制后可以在本地计算机上运行。

（5）案例。案例是通过各种素材组合，表现有教学意义和现实指导意义的事件或现象。

（6）文献资料。文献资料是关于教育各个方面的政策、法规、条例、规章制度，对重大事件的记录、重要文章、书籍等。

（7）网络课程。网络课程是通过网络表现的一门或多门学科的教学内容和实施的教学活动的总和。

（8）常见问题解答。常见问题解答是针对各个学科和课程中最常见的问题给出的解答。

（9）资源目录索引。资源目录索引是列出各个学科和课程中常见的网络资源地址链接和非网络资源的索引。

三、教育资源数据元素

教育资源数据元素共包括三大部分：①必需数据元素。必需数据元素是任何类型的资源都有的属性标注。资源开发者应该严格按照必需数据元素中的标准进行开发。②可选数据元素。可选数据元素是作为参考的数据元素，这类元素在设计的时候可以有目的地选取。③分类数据元素。分类数据元素是不同类型资源独有属性的数据元素，不同类型资源的分类数据元素不相同，图 2-1 所示的是教育资源数据元素的基本结构。

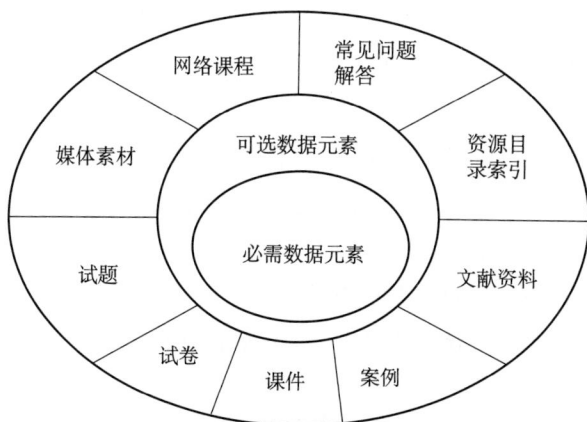

图 2-1　教育资源数据元素的基本结构

第三节 民族教育信息资源库建设规范修改与补充

在本章第二节教育资源数据元素研究的基础上，要对民族教育信息资源进行设计、开发、管理和利用，急需建立民族教育信息资源数据元素结构规范。

民族教育信息资源有其特殊性，为了应对其特殊性，要为其添加相应的数据元素才能满足需求，如民族。添加了民族元素后对民族教育信息资源的描述会更完善。少数民族种类众多，很容易把各民族之间的资源混淆，所以必须要有民族这样一个元素来说明其民族归属。

根据 LOM 模型基本框架、《教育资源建设技术规范（CELTS-41.1）》《基础教育教学资源元数据规范（CELTS-42)》和民族教育资源自身特有属性集，修改原有规范后得到以下规范。

一、民族教育信息资源库建设规范的特点

民族教育信息资源库建设规范标准相对于《教育资源建设技术规范 CELTES-41.1》，在核心数据元素中加入了民族这一元素，使民族教育资源库中关于民族的描述更加细致。由于云南少数民族众多，普通学习者很难分清楚各民族之间的区别，有了这个数据元素，资源能被更多人认识。

《相对于教育资源建设技术规范 CELTES-41.1》，民族教育信息资源库建设规范标准在可选数据元素中加入了查看信息元素和描述信息元素。查看信息元素包括"点击次数"和"下载次数"，有了这两个数据元素，资源访问者可以根据这两个数据元素的数值判断资源的热度；描述信息元素包括"缩略图"和"简略标题"，这两个元素可以在网站布局时显示出来，让资源访问者可以从缩略图上直接获取信息，有的资源标题非常长，而在网站显示的时候可能由于布局显示不出来，简略标题就可以起作用，为资源使用者提供更好的服务。

二、民族教育信息资源库元素组成

（一）核心数据元素

这部分数据元素是各种不同资源共有的数据元素，这里的数据元素规范并

不代表数据库新建表时一定要按照元素创建表，由于其中某些元素到数据库建设时可能需要创建多个数据字段，具体建设数据库时要根据具体情况考虑。民族教育信息资源库的核心数据元素如表 2-3 所示。

表 2-3　民族教育信息资源库核心数据元素

编号	中文名称	英文名称	解释	数据类型	备注
1	标识	identifier	民族教育资源唯一标识	Bigint	主键，使用不同的数字进行标注
2	标题	title	民族教育资源的标题	String * 200	
3	语言	language	民族教育资源所使用的语言	String * 100	如"en""zh"
4	民族	nation	民族教育资源所属民族	String * 200	多个民族使用特殊符号分开，如","
5	描述	description	对民族教育资源内容的文本描述	Text	
6	关键字	keywords	描述民族教育资源的关键字	String * 500	关键字之间用特殊符号分开，如","
7	作者	author	民族教育资源的作者	String * 50	
8	创建日期	creating date	民族教育资源作者创建该资源的日期	DateTime	
9	版权和限制	copyright	使用该民族教育资源是否有版权和其他限制条件	Text	
10	类型	type	民族教育资源的类型	String * 50	从限定的类型中选择，如媒体素材、试题、试卷、课件、案例、文献资料、网络课程、常见问题解答和资源目录索引等
11	格式	format	民族教育资源在技术上的数据类型，该数据用于确定教育资源所需要的软件	String * 30	如 text/html，png/jpeg 等
12	分类	classification	民族教育资源所属分类，具体参照具体民族教育资源而定	String * 36	此处分类只是一个元素，具体制作时可以根据需要设置主分类和副分类，主分类一个，副分类可以是多个

续表

编号	中文名称	英文名称	解释	数据类型	备注
13	大小	size	民族教育资源的大小	String * 30	如 1MB
14	位置	location	民族教育资源的物理位置，用于表明如何获取教育资源的一个字符串。它可能是一个位置（如 URL），或解析出位置的一种方法	String * 1000	
15	适用对象	audience	适用该民族教育资源的用户类型	String * 30	如教师、学生
16	典型学习时间	learning time	对适用对象来说，使用该资源一般或大约所需的时间	String * 20	如 1 小时 20 分钟

（二）可选数据元素

民族教育信息资源库建设规范过程中，除了共有的核心数据元素外，我们还设定了一些可选数据元素，如点击次数、下载次数、评价内容、评价时间等，以供使用者在建立资源库时参考，如表 2-4 所示。

表 2-4　民族教育信息资源库可选数据元素

编号	中文名称	英文名称	解释	数据类型	备注
1	查看信息	read information	阅读或查看民族教育资源记录下的相关信息		
2	点击次数	click	民族教育资源的点击数	Integer	正整数
3	下载次数	download count	民族教育资源的下载次数	Integer	正整数
4	评价	review	对民族教育资源的评价，以及评价的作者和时间		
5	评价人	reviewer	评价民族教育资源的作者	String * 30	
6	评价时间	review date	作者评价民族教育资源的时间	DateTime	

续表

编号	中文名称	英文名称	解释	数据类型	备注
7	评价内容	review content	作者评价民族教育资源的内容	Text	
8	描述信息	description information	对于民族教育资源的其他描述信息。此处主要考虑到建设和显示资源时的显示效果		
9	简略标题	short title	民族教育资源的简略标题	String * 60	
10	缩略图	thumbnail	民族教育资源的缩略图路径	String * 250	

（三）媒体素材数据元素

由于民族教育资源信息化过程中，民族教育资源的表现形式越来越丰富，不再是单纯的文本方式，还包括图形/图像、声音、视频，甚至二维、三维动画等，所以媒体素材数据元素包括文本素材（表 2-5）、图形/图像素材（表 2-6）、音频素材（表 2-7）、视频素材（表 2-8）、动画素材（表 2-9）等。

表 2-5　文本素材数据元素

编号	中文名称	英文名称	解释	数据类型	备注
1	素材字数	word count	文本素材的字数	Integer	正整数，如 10 000

表 2-6　图形/图像素材数据元素

编号	中文名称	英文名称	解释	数据类型	备注
1	颜色数	color number	图形/图像的颜色数	Integer	正整数，如256
2	分辨率	resolution	图形/图像的长度、宽度，以像素为单位	String * 20	如 800 * 600
3	扫描精度	scan resolution	图像扫描时使用的精度（dpi）	String * 20	如 300
4	灰阶度	brightness level	图形/图像的灰度等级	String * 20	如 8 位、16 位

表 2-7　音频素材数据元素

编号	中文名称	英文名称	解释	数据类型	备注
1	采样频率	sampling frequency	数字化音频数字采样频率，以 kHz 为单位	String * 20	如 44.1kHz
2	量化位数	quantization	数字化音频数字化过程的量化精度	String * 20	如 8 位

续表

编号	中文名称	英文名称	解释	数据类型	备注
3	声道数	channel number	数字化采样声道数	String * 20	如单声道、双声道
4	持续时间	duration	在指定的速度下连续运行教育资源所需要的时间	String * 10	如 1 小时

表 2-8   视频素材数据元素

编号	中文名称	英文名称	解释	数据类型	备注
1	分辨率	resolution ratio	视频画面的长度与宽度，以像素为单位计	String * 20	如 800 * 600
2	采样频率	sampling frequency	数字化过程的采样频率，以 MHz 为单位	String * 20	如 8MHz
3	颜色数	color number	视频的颜色数	Integer	正整数，如 256
4	持续时间	duration	在指定的速度下连续运行教育资源所需要的时间	String * 10	如 1 小时

表 2-9   动画素材数据元素

编号	中文名称	英文名称	解释	数据类型	备注
1	分辨率	resolution ratio	动画画面的长度与宽度，以像素为单位	String * 20	如 800 * 600
2	颜色数	color number	动画的颜色数	Integer	正整数，如 256
3	持续时间	duration	在指定的速度下连续运行教育资源所需要的时间	String * 10	如 1 小时

（四）试题数据元素

作为民族教育资源，试题是必须要考虑的一个类别，因此我们也对试题数据元素做出了规范，包括题类、题型、难度、参考答案、评分标准等，具体如表 2-10 所示。

表 2-10   试题数据元素

编号	中文名称	英文名称	解释	数据类型	备注
1	题类	item	是主观题还是客观题	Integer	如 1 代表主观题，0 代表客观题
2	题型	item type	该试题的类型，如填空、判断、选择题等	Integer	如用不同数字代表不同题型，根据需要设定

续表

编号	中文名称	英文名称	解释	数据类型	备注
3	难度	difficulty	衡量题目难易水平的指标	Float	取值 0~1 的小数，精确到小数点后两位
4	区分度	discrimination degree	用于分辨学生的知识水平和素质高低的试题参数，它是衡量试题对不同水平学生的心理特质的区分程度的指标。如果题目的区分度高，那么水平高的学生在题目上的得分就会高，而水平低的学生就会得分低，这样就可以把不同水平的被试者区分开来	Float	取值-1~1 的小数，精确到小数点后两位
5	考试要求	test requirement	该试题的考试要求说明	String * 1000	
6	试题正文	item content	试题的具体内容	Text	
7	参考答案	answer	试题的参考答案	Text	
8	评分标准	criterion	试题的评分细则	Text	
9	建议的考试得分	score	本试题的建议得分	Float	
10	保密度	secrecy	本试题的保密程度	String * 20	
11	试题附件	attachment	与该试题相关的其他资源		此处根据具体建设方案确定附件需要参数
12	曝光时间	exposal date	本试题被公开的时间	DateTime	

（五）试卷数据元素

试卷是民族教育过程中验证教育效果的一种有效方式，在试卷的自动生成中，必须要考虑试卷的数据元素构成，表 2-11 列出了试卷数据元素，包括测试类型、平均难度、平均区分度、考试要求等。

表 2-11　试卷数据元素

编号	中文名称	英文名称	解释	数据类型	备注
1	测试类型	test type	试卷的教育评价类型	String * 10	如相对评价、绝对评价

续表

编号	中文名称	英文名称	解释	数据类型	备注
2	平均难度	average difficulty	试卷中所有试题的难度按一定比例模式所计算出的参数值	Float	取值 0～1 的小数，精确到小数点后两位
3	平均区分度	average discrimination degree	试卷中所有试题的区分度按一定比例模式所计算出的参数值	Float	取值−1～1 的小数，精确到小数点后两位
4	考试要求	test requirement	该试卷的考试要求说明	String * 1000	
5	参考答案	answer	试卷的参考答案	Text	
6	评分标准	criterion	试卷的评分细则	Text	
7	试卷分数	score	本试卷所采取的分制	Integer	取值正整数
8	保密度	secrecy	本试卷的保密程度	String * 20	
9	信度	reliability	估计本试卷测量一致性程度的指标	Float	取值 0～1 的小数，精确到小数点后两位
10	效度	validity	本试卷测量的有效性，即对它所要测量的特性准确测量的程度	Float	取值−1～1 的小数，精确到小数点后两位
11	包含题型	item types	本试卷中包含的所有试题类型	String * 500	
12	试卷附件	attachment	与该试卷相关的其他资源		此处根据具体建设方案确定附件需要参数
13	曝光时间	exposal date	本试卷被公开的时间	DateTime	

（六）课件数据元素

在现代教育中，课件是必不可缺的一种教学元素，是辅助教学的有效手段。表 2-12 规定了课件数据元素，包括类型、结构、要求、安装描述、交互类型等。

表 2-12 课件数据元素

编号	中文名称	英文名称	解释	数据类型	备注
1	类型	type	课件用于单机版或网络版	String * 10	
2	结构	structure	课件的基本组织结构介绍	String * 2000	
3	要求	requirements	该课件描述民族教育资源所需要的技术要求	String * 1000	

续表

编号	中文名称	英文名称	解释	数据类型	备注
4	安装描述	installation remarks	描述如何安装该教育资源	String * 1000	
5	交互类型	interactivity type	学习对象所支持的互动形式	String * 20	如主动型、解说型、混合型等

（七）其他数据元素

在规定了通用的核心数据元素和可选数据元素后，我们制定了有关媒体素材、试题、试卷、课件等教学过程中的重要数据元素构成表。除了上述数据元素之外，我们还对案例数据（表2-13）、文献资料数据（表2-14）、网络课程数据（表2-15）、常见问题解答（表2-16）、资源目录索引数据（表2-17）的元素构成做了规范。

表 2-13　案例数据元素

编号	中文名称	英文名称	解释	数据类型	备注
1	类型	case type	本案例的内容类型	String * 20	

表 2-14　文献资料数据元素

编号	中文名称	英文名称	解释	数据类型	备注
1	字数	word count	文献中字符的数目	Integer	取值正整数
2	文献状态	status	文献资料所处的条件或状态	String * 20	如草案、最终案、修正案

表 2-15　网络课程数据元素

编号	中文名称	英文名称	解释	数据类型	备注
1	结构	structure	课程的基本组织结构介绍	String * 2000	
2	要求	requirements	该课件描述民族教育资源所需要的技术要求	String * 1000	
3	安装描述	installation remarks	描述如何安装该教育资源	String * 1000	
4	交互类型	interactivity type	学习对象所支持的互动形式	String * 20	如主动型、解说型、混合型等

表 2-16　常见问题解答数据元素

编号	中文名称	英文名称	解释	数据类型	备注
1	问题条目	question count	本问题解答中包含的问题条目	Integer	取值正整数

表 2-17　资源目录索引数据元素

编号	中文名称	英文名称	解释	数据类型	备注
1	索引数	index count	本索引中包含的资源目录数目	Integer	取值正整数

第四节　本 章 小 结

本章分析了少数民族教育资源的特性及现有教育资源建设规范，并根据民族教育资源的特性，加入民族这一重要数据元素，对教育资源建设技术规范和资源库建设规范进行修改和完善，让其更符合民族教育资源的建设需求，制定出民族教育信息资源库建设规范。

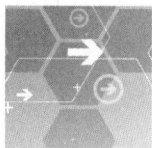

第三章

民族教育信息资源本体库建设

民族教育信息资源本体库建设是民族教育信息资源语义检索的关键，民族教育信息资源本体库构建的主要方法是民族教育信息资源概念及关系的提取和确定。本章依据本体库建设规范，设计和构建民族教育信息资源本体库。由于考虑到后期领域专家对民族教育信息资源本体的高效管理，主要采用文本存储的方式存储本体。

第一节 本体的相关理论

本体（ontology）是一个哲学领域的概念，古希腊哲学家亚里士多德曾尝试着对世间事物进行分类，这是本体的一种最原始的描述。在哲学中曾把本体定义为对客观事物的描述[①]。韦氏（Webster）词典曾定义本体是与存在的本质相关的形而上学的分支或者不同的知识领域。谈论各种本体建议时，应该使用本体的复数形式，以便表示总的本体集合，即本体论[②]。因此，本体可以说已经存在了很长时间。随着信息技术及语义 Web 的出现，本体逐渐在计算机领域得到了广泛使用。在计算机领域，本体具备强大的网络资源描述和推理能力，因此，在涉及人工智能处理时，本体得到广泛应用。

一、本体的定义

在计算机领域，Neches 等[③]第一次对本体进行了定义，其定义为："给出构成

---

① 王俊华，左万利，赫枫龄，等 . 本体定义及本体代数 . 吉林大学学报：理学版，2010，（6）：1001-1007.

② 张宇翔 . 知识工程中的本体综述 . 计算机工程，2010，（7）：112-114.

③ 李兴春 . 计算机信息检索中的本体构建研究 . 重启文理学院学报，2013，（3）：87-91.

相关领域词汇的基本术语和关系，以及利用这些术语和关系构成的规定这些词汇外延的规则的定义。"这个定义强调了领域词汇之间的关系和规则，这和我们现在使用的本体已经有非常相似之处。1993 年，Gruber[①] 又从另外的角度对本体进行了定义，指出本体是概念模型明确的规范说明。Borst[②] 在 Gruber 的基础之上提出本体是共享概念模型的形式化规范说明。随着本体在计算机中的不断研究与应用，1998 年 Studer[③] 在前人的基础上提出了一个相对被业界认可的本体定义，他指出，本体是共享概念模型的明确的形式化规范说明。其定义认为，通过对客观事物的抽象，获取相关的概念需要形成一个概念模型，这个模型独立于具体的环境；概念模型中的概念及其约束应该明确；通过形式化处理，让计算机能够"理解"；最后，本体抽象的知识是一个领域的概念集合，应该是被共同认可的。

尽管计算机领域有多种本体的定义方法和角度，但是本体的核心是固定的，都是将领域进行抽象，并获取领域知识及知识之间的关系等，最终让计算机能够像人一样处理信息中的语义。本体最终的落脚点就是要处理好概念的形式化标志问题，因此，需要对本体的建模原语、本体的分类和本体的构建等方面进行说明。

二、本体的建模原语

Perez 等基于分类法组织了本体，并总结出了本体的五种基本建模语言。具体内容如下。

（1）类（classes），也可称为概念。在日常生活中任何事物都可表达成类，不仅能将诸如宇宙、水、矿物等抽象为类，而且能将功能、过程和行为等抽象为类。类表示对象的抽象集合，定义采用框架结构，其中可包括概念的名称及其关系的集合等。本体中的类的概念与面向对象程序设计中的类有相似性，但是它们之间具有一定的区别。

（2）关系（relations），主要是领域知识中类与类的联系，一般采用笛卡儿积对本体中的关系进行形式化表示，即 R：$C_1 \times C_2 \times \cdots \times C_n$（$n$ 维）。

---

① Jianbo Gao，Baowen Zhang，Xiaohua Chen. Ontology-based model of network and computer attacks for security assessment. Journal of Shanghai Jiao Tong University（Science），2013，7（5）：554-562.

② 何来坤，缪健美，刘礼芳，等 . 基于 Ontology 与 Jena 的研究综述 . 杭州师范大学学报：自然科学版，2013，（5）：467-472.

③ 张凌宇，马宗民，严丽 . 一种基于贝叶斯网络模型及多策略计算的本体映射方法 . 小型微型计算机系统，2012，（11）：2385-2391.

（3）函数（functions），是一类特殊的关系。这类关系的前 $n-1$ 个元素可以唯一决定第 n 个元素。形式化定义为 F：$C_1 \times C_2 \times \cdots \times C_{n-1} \to C_n$。

（4）公理（axioms），代表永真断言，用于限定函数与函数、关系与关系之间的联系和约束。

（5）实例（instances），代表的是元素，即表示类的一个具体对象。实例拥有五种基本关系，如表 3-1 所示。

表 3-1　实例的五种基本关系

关系名	描述说明
part-of	表示概念中整体和部分的关系
kind-of	表示概念间的个体与整体的关系
instance-of	类似于面向对象中的实例和类之间的关系，在本体中即表示本体中概念类与概念实例之间的关系
attribute-of	指概念中的某一种属性
subclass-of	指的是概念类的上下位继承关系

图 3-1 是一个民族教育信息资源本体关系的实例图，图中具体地展示了四种典型关系的使用方法。

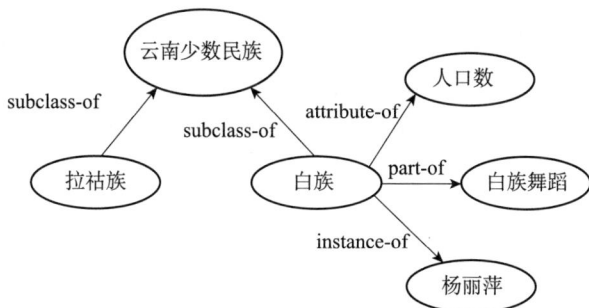

图 3-1　民族教育信息资源本体关系实例图

三、本体的分类

当前，本体具有多种分类方法，不同的研究者从不同的角度对本体进行了分类，比较常见的有三种[①]：第一种是按本体的应用主体划分；第二种是按本体的形式化表示程度划分；第三种是按本体的研究层次划分。由于在以上三种划

① 王可．一种基于向量空间模型的 Web 本体自动分类方法．华中科技大学学报，2007，(10)：157-159.

分方法中，第三种划分方法被各类研究人员普遍接受，所以本书将把上述第三种方法进行简要的介绍。

按本体的研究层次划分，可将本体划分为四类：顶级本体（top-level ontologies）、领域本体（domain ontologies）、任务本体（task ontologies）、应用本体（application ontologies）。这四类按本体对领域的依赖程度的关系由高到低如图 3-2 所示。

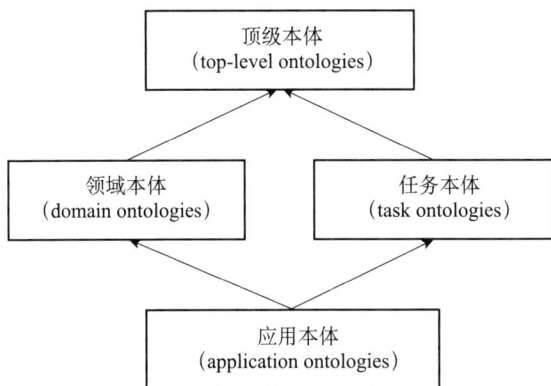

图 3-2　本体按研究层次划分及关系图

（1）顶级本体。顶级本体是概念与概念之间的关系的最普遍的描述，顶级本体与具体的应用没有直接关联，而且所有本体都是在顶级本体的基础上构建起来的，如空间、事件、行为等。WordNet 和中国知网可看作是顶级本体的两个典型代表。

（2）领域本体。领域本体是针对某个具体领域中的概念和概念之间的关系的描述集合，如教育、人类、民族等领域之间的关系，都可称为领域模型。本研究将针对民族教育信息资源构建其领域本体。

（3）任务本体。任务本体将针对特定任务或行为中的概念及其关系进行描述，如机器人领域中机器人所执行的任务、执行任务中的动作的概念和行为及其关系的描述。

（4）应用本体。应用本体是描述依赖于特定领域或任务的概念和概念之间的关系的。应用本体是针对某个具体应用所建立起来的本体，如针对民族教育信息资源所构建的本体中白族的概念，其中就涉及白族的文化、人口、历史信息及白族与汉族的关系等内容。

第二节　本体语言及其开发工具

一、OWL 语言

语义 Web 应用领域，一般以 XML 标记语义作为语义描述的基础，在此基础上形成了几种具有代表性的语义描述语言，如 SHOW、OIL、RDF、RDFS 和 OWL。其中，描述语义功能最为强大的就是 OWL（web ontology language），2004 年 OWL 成了 W3C 组织推荐的本体描述语言规范。本研究将使用 OWL 作为本体的描述语言，因此，主要对 OWL 的相关内容做简要描述。

OWL 是在 RDF、RDFS 等本体语言的基础上建立起来的，除了能对资源进行详尽的描述，还具备更为强调知识表达的能力。目前，OWL 已经受到语义 Web、本体领域研究人员的喜爱与认可。OWL 不仅能很好地描述各种网络资源的概念，还具有非常丰富的操作符，如 and（与）、or（或）、not（非）等。OWL 形成的资源描述信息中涵盖资源与资源之间的关系信息，这为后期语义推理提供了便利。OWL 拥有三个子语言，根据 OWL 子语言的表达能力的强弱，可分为 OWL-Lite、OWL-DL 和 OWL-Full。

（1）OWL-Lite。OWL-Lite 相比 OWL-DL 和 OWL-Full，从语法角度而言，是最为简单的。OWL-Lite 通常用于分类层次简单且相关属性约束简单的用户。因此，当使用者只需描述一个分类层次，而且属性约束简单的时候，OWL-Lite 就成为首选。

（2）OWL-DL。OWL-DL 的表达能力介于 OWL-Lite 和 OWL-Full 之间。OWL-DL 是基于描述逻辑的，因此 OWL-DL 能实现自动推理。OWL-DL 支持那些需要在推理系统上进行最大程度表达的用户。同时，OWL-DL 拥有 OWL 语言的一切约束。

（3）OWL-Full 是在 OWL 语言子语言中表达能力最强的语言，其主要用于重视表达能力，而不是很在乎可判断或计算机完全性的场合。OWL-Full 可以在已经定义的 RDF 和 OWL 词汇表中新增词汇，因此，所有推理软件都不可能支持 OWL-Full 的一切特征。由于 OWL-Full 的表达能力太过强大，所以，OWL-Full 不具备自动推理的能力。

二、本体开发工具

伴随着人工智能、知识管理等研究及应用的不断发展，以及本体在这些领域的应用不断加深，人们对本体的需求也越来越凸显。因此，为了方便本体的开发和管理，一些科研组织和应用团队开发了一些开发本体的工具，使用比较多且比较成熟的工具有以下四种，下面将对其做相应的介绍。

（1）Ontolingua，是由斯坦福大学的知识系统实验室设计与开发的本体开发环境。Ontolingua 由服务器和一种表示语言构成。可使用 Ontolingua 创建、修改本体，并可在 Web 对其进行在线的一系列操作，如创建、修改、发布和浏览等。

（2）WebOnto，是在 1997 年由英国开放大学的 J. B. Domingue 在主持开发的一个本体编辑器项目中形成的。WebOnto 相对于 Ontolingua，具备更为强大的可视化和编辑功能。WebOnto 是在 OCML 知识模型的基础上建立的，因此，具备多重继承、本体创建、本体编辑和用户合作浏览等功能。

（3）OntoEdit，是由卡尔斯鲁厄大学设计开发的一个本体工具，可提供图形化的手段对本体进行开发与管理。OntoEdit 支持 RDFS、DAML＋OIL 等语言，同时，OntoEdit 支持本体的并发操作。

（4）Protégé，是由斯坦福大学基于 Java 语言设计与开发的免费开源本体工具。Protégé 具有和常规的 Windows 应用程序一致的界面风格，易学易用，而且 Protégé 工具为了适应本体技术的不断发展，其新版本和新功能也逐渐增加，当前 Protégé 的最高版本为 4.3。Protégé 支持多重继承，同时可对数据的一致性进行有效检查，扩展性好。Protégé 能与关系数据库进行高效集成，能通过 JDBC 等方式对数据库进行访问。Protégé 现在已经逐渐成为本体开发的主要工具，本次研究使用的 Protégé 工具为 Protégé 4.1 版本。Protégé 开发界面如图 3-3 所示。

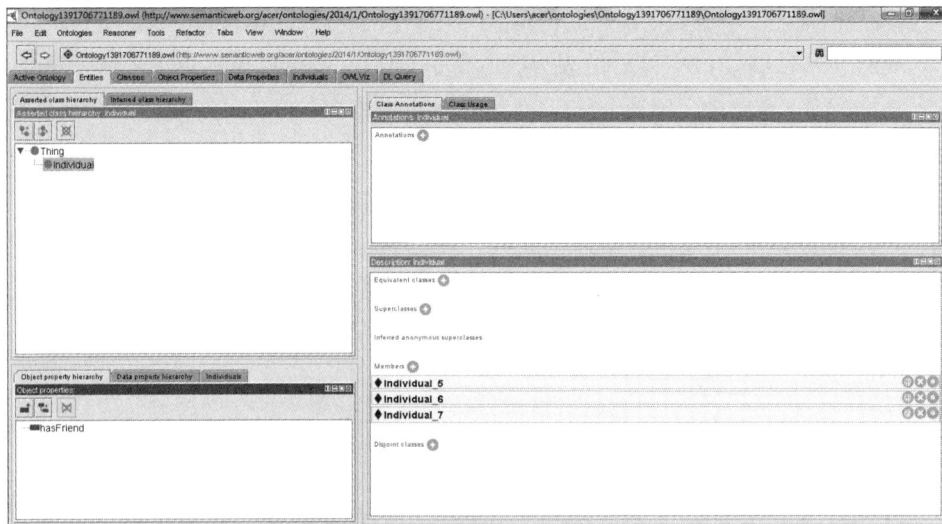

图 3-3　Protégé 开发界面

第三节　民族教育信息资源本体的构建原则与过程

一、民族教育信息资源本体的构建原则

民族教育信息资源本体的构建是民族信息化领域的一个重要工作，因此，在构建民族教育信息资源本体时，为了提高民族教育信息资源本体使用中的工作效率，民族教育信息资源本体应按照一定的规范进行。各种民族教育信息资源千差万别，而且人们对民族教育信息资源的需求也不相同，因此，民族教育信息资源本体的构建可能也不尽相同。为了解决这样的实际问题，在构建不同本体的过程中形成了一些构建本体的原则①。在构建民族教育信息资源本体时，应严格按照这样的原则进行，以使得民族教育信息资源本体具有较强的可管理性和可扩展性。本体的构建原则如下。

（1）明确性和客观性。民族教育信息资源本体中的资源应该能明确地表达民族教育信息资源的概念知识等内涵；民族教育信息资源的内容应该是客观存在的，而且应该使用标准的术语进行表达。通过对民族教育信息资源概念等进行明确和客观的形式化表达，有利于对民族教育信息资源的有效管理。

（2）一致性。构建的民族教育信息资源本体应该前后一致，逻辑上应该清晰，即结合语义推导工具使用时，推导出的民族教育信息资源本体概念应该与本体中的概念在定义上一致。

（3）可扩展性。民族教育信息资源本体是一个共享的词汇库，这些词汇为语义检索提供了基础。但是，不可否认的是，民族教育信息资源本体库是一个庞大的工程，民族教育信息资源本体应该在后期的使用中不断完善与扩充。因此，民族教育信息资源本体领域的专家能在不改变民族教育信息资源本体原有概念、关系定义的前提下，在原有基础之上对民族教育信息资源本体进行概念和关系的扩展。领域本体扩展是本体研究的重要组成部分，因此，设计民族教育信息资源本体时应充分考虑其可扩展性。

（4）最小编码偏差。本体中的概念、关系等不应该对编码产生依赖。民族

---

① 侯洋，刘杨，孙瑜. 本体研究综述. 计算机工程，2011，(12)：24-26.

教育信息资源本体中只能出现与民族教育信息资源相关的内容或关系，而不应该将便于推理实现或一些资源标注添加到民族教育信息资源本体中，这样会导致编码的偏差。民族教育信息资源本体的编码最小偏差应该尽可能小，这样在使用不同知识编码体系的知识推理系统中才能具有较强的独立性。

（5）最小本体承诺。本体对客观事物的形式化表达中不应存在大量的推断信息。当知识系统中的知识与构建的本体中的定义相同时，我们称这个知识系统承诺了这个本体。对民族教育信息资源本体而言，相关的推断信息应该是按照使用者的需求对民族教育信息资源本体进行实例化和专门化处理。

二、民族教育信息资源本体的构建方法

研究人员通常使用手工编辑的方式构建不同领域的本体。在建立本体的过程中，本体领域还未形成标准统一的一种行业方法，然而只要是符合本节第一部分中所提到的本体构建原则的方法都能成为本体构建的一种依据和标准。目前使用比较广泛的本体构建方法主要有七种[①]：IDEF（ICAM definition method）法、骨架法（skeletal methodology）、企业建模法（TOVE）、Methontology法、KACTUS工程法、SENSUS法和七步法。本节主要介绍一般较为常用的四种方法：骨架法、TOVE法、Methontology法和七步法。

（一）骨架法

骨架法是爱丁堡大学在开发商业企业本体的过程中逐渐形成的一种本体构建方法，爱丁堡大学通过骨架法形成了一个集商业企业专业术语和定义的本体。该方法是一个相对比较成熟的本体构建的指导方法。骨架法的主要步骤流程图如图3-4所示。

使用骨架法构建本体的主要步骤的具体内容如下。

步骤1：确定本体的应用目的和应用范围。本步骤是构建本体的基础与关键，本体设计者必须按照研究的领域或研究的内容，建立相应的本体，其中还包括过程本体。当本体的应用目的和应用范围确定以后，能极大地缩小本体范围，有利于本体构建的准确性，同时避免研究领域太大，导致本体之间的关系过于复杂。

步骤2：本体分析。本体分析是在确定了本体的应用目的和应用范围后，在领

---

① 韩婕，向阳.本体构建研究综述.计算机应用与软件，2007，(9)：21-23.

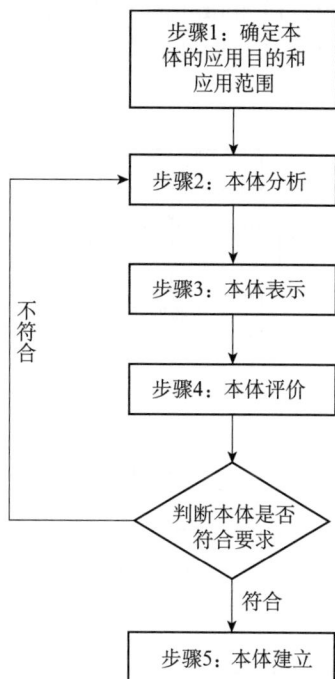

图 3-4 骨架法构建本体的流程图

域专家的参与下进行的。该步骤需要领域专家具备与所需构建本体领域相关的丰富知识，在此基础上，才能对领域中的概念与概念间的关系进行相对准确的表达。

步骤 3：本体表示。通过成熟规范的本体语言对研究领域的概念与概念间的关系进行形式化表示。

步骤 4：本体评价。在上述三个步骤之后，本体的使用目的和使用范围及本体的内容与关系已经确定，本步骤需要对已经形成的相关文档和本体的运行环境进行评价，将不符合条件的一些概念与概念之间的关系去除，以形成简洁、清晰和完善的本体概念。

步骤 5：本体建立。对生成的本体按照步骤 4 中所形成的评价标准进行校验，对不符合条件的概念和关系再通过步骤 2 重新进行本体的确定，如此循环，当最终校验结果都已经达到预期目标时，将其进行存储保存。

（二）TOVE 法

TOVE 法又称 Gruninger&Fox "评价法"[①]。TOVE 法是多伦多的企业集成

---

① 刘宇松 . 本体构建方法和开发工具研究 . 现代情报，2009，（9）：17-24.

实验室（Enterprise Integration Laboratory）开发的构建 TOVE 本体的方法，其主要是通过一阶谓词逻辑对本体进行集成。TOVE 法构建本体的流程如图 3-5 所示。

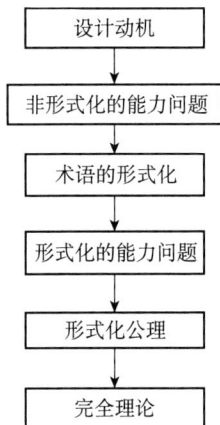

```
┌──────────────┐
│   设计动机    │
└──────┬───────┘
       │
┌──────┴────────┐
│ 非形式化的能力问题 │
└──────┬────────┘
       │
┌──────┴───────┐
│  术语的形式化  │
└──────┬───────┘
       │
┌──────┴────────┐
│ 形式化的能力问题 │
└──────┬────────┘
       │
┌──────┴───────┐
│   形式化公理   │
└──────┬───────┘
       │
┌──────┴───────┐
│   完全理论    │
└──────────────┘
```

图 3-5　TOVE 法构建本体的流程图

TOVE 法的步骤主要有以下五步。

（1）使用情景的收集阶段。该步骤主要是对收集的使用情景提出相应的解决思路，并使用该思路对情景中的概念与概念之间的关系进行定义。

（2）非形式化本体能力问题阶段。该阶段主要解决本体的约束条件和评价本体的相关标准的问题。

（3）术语的形式化定义阶段。从应用情景中的问题中抽象出相关的术语词汇，并对其形成形式化的定义。

（4）术语词汇形成以后，同时可对步骤 2 中提到的问题进行形式化的定义。

（5）通过一阶谓词逻辑对本体中的词汇公理进行定义，这些公理主要涉及术语词汇的语义和约束条件。

（三）Methontology 法

该方法是由马德里大学人工智能实验室在构建开发人工智能图书馆本体时首次提出的方法。这种方法是以骨架法和 GOMEZ-PEREZ 方法的优点为基础，形成的一种通用的本体构建方法。该方法十分接近软件工程的设计方法，利用生命周期的概念对本体的开发整体过程进行有效的管理。Methontology 法的开发阶段如表 3-2 所示。

表 3-2　Methontology 法构建本体的三阶段

阶段	具体内容
管理阶段	本阶段的主要工作是对所需构建的本体的内容进行全面系统的设计，设计的内容涉及构建本体的进度情况、领域资源和本体质量保证等
开发阶段	按照系统、规范的说明，对领域概念、关系进行形式化定义，然后对本体进行实现和维护
维护阶段	维护阶段主要对知识的获取、系统集成、本体评价及本体相应的文档说明等进行维护与管理

（四）七步法

七步法是斯坦福大学医学院提出的一种领域本体的构建方法，其主要步骤如下。

（1）确定本体的应用领域和范畴。根据上文所述本体的构建原则，本体中的概念和关系应该是明确的。因此，构建本体时应首先明确本体的应用领域，尽可能缩小本体的范围。该步骤将明确领域、应用本体的最终目的，以及本体的作用和应用对象等内容。该步骤同时贯穿于整个本体设计过程，相关内容可逐步调整，限制模型的范畴应当是稳定的。

（2）考虑已有本体的复用性。如果系统与别的应用存在着交互，而这个平台具有自己的本体，那么复用这个本体是最高效和最经济的方法。

（3）列出本体中的重要术语。在建立领域本体的过程中，首先将领域中的全部术语标注出来，此时，对于概念间的重复等问题可暂不考虑，然后制定概念之间的层次关系和概念熟悉的定义。本步骤是七步法中的重要环节，整个过程也较为烦琐。

（4）定义类与类的等级关系。本体中类与类的关系是本体的重要组成部分，直接关系着后期语义检索的效果，因此，需通过类与类的关系表现出领域概念的等级体系。这个等级体系的主要可行方法有：自顶向下、自顶向上及两种方法的综合。

（5）定义类的熟悉。当定义了本体中的类及其关系后，需对相应的类添加相应的熟悉值。

（6）定义属性的分面。属性的分面就是属性取值的类型、取值的范围、取值的个数及熟悉取值的其他约束信息。

（7）定义类的实例。选定具体的某个类，为该类添加具体的实例，以及实例的属性信息和约束条件，为后期推导提供支持。

三、民族教育信息资源本体的构建步骤

通过上述几种典型的本体构建方法的分析，本体的构建过程是一个不断完善、循序渐进的过程。以上本体构建方法都有各自的优点和应用范围。然而，在涉及具体领域的本体构建时，以上方法就显得比较烦琐，不够实用。因此，在构建民族教育信息资源本体时，需要综合以上方法的一些优点形成适合于本次研究的本体构建方法。总结起来，本次研究中的民族教育信息资源本体的构建主要经历以下五个步骤。

（1）确定民族教育信息资源本体的领域与范畴。民族教育信息资源是一个非常庞大的概念，如民族成分、民族分布和具体的民族特征等方面都将是需要考虑的内容。因此，为了本次研究的便利性和可行性，民族教育信息资源本体将依据云南省的 25 个少数民族进行构建，这样将极大降低构建民族教育信息资源本体的难度，而且便于确定概念和概念之间的关系。

（2）列出民族教育信息资源领域的重要术语。由于步骤（1）已经确定了民族教育信息资源本体将以云南省少数民族教育信息资源为基础进行构建，所以需要通过民族教育信息资源领域的专家将民族教育信息资源的各种重要术语列出来，如按云南城市（昆明、大理、丽江等）、云南民族（白族、彝族、傣族、拉祜族和景颇族等）和云南民族节日（火把节、白族本主节、三月街民族节等）等列出本次研究所需构建的民族教育信息资源中的主要术语。

（3）对民族教育信息资源的概念进行分类和分层。为了构建层次清晰、分层合理的民族教育信息资源，结合云南少数民族教育信息资源，采用自顶向下的方式对民族教育信息资源进行分层。具体地，可按照图 3-6 所示的方式对民族教育信息资源的概念进行分层设计。

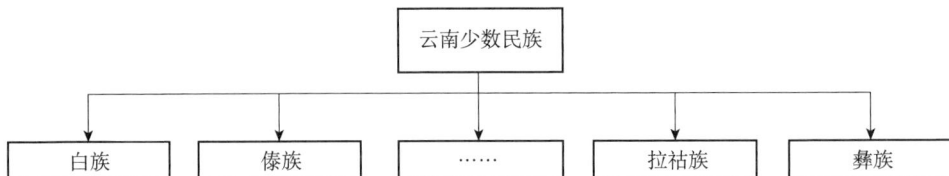

图 3-6   民族教育信息资源概念分层设计示意图

（4）民族教育信息资源本体的表示。当以上步骤都已经确定完成以后，通过 OWL 语言对民族教育信息资源本体进行形式化表示，借助 OWL 的强大语义表示功能，形成规范的民族教育信息资源本体。

（5）民族教育信息资源本体的优化。当民族教育信息资源本体已经形成以后，需要对民族教育信息资源中的概念、概念之间的关系进行优化，尤其是对概念之间的关系等进行优化。当然，本次构建的民族教育信息资源本体在某些方面是不完善的，因此，民族教育信息资源本体的很多不足都将在后期的使用中逐步优化与完善。

第四节　民族教育信息资源本体的构建

一、民族教育信息资源本体领域的数据来源

对民族教育信息资源本体中概念的确定，本书借鉴民族教育信息化教育部重点实验室制定的民族教育信息资源分类体系表。同时，以民族教育资源库网的数据为民族教育信息资源本体设计的主要数据来源，这些数据包括了必要的民族信息，如民族文化、民族艺术和民族习俗等。为了完成民族教育信息资源本体库的建设，选取了民族教育资源库中的部分民族数据。

民族教育信息资源本体的构建首先需要确立民族教育信息资源中的关键概念。为了民族教育信息资源概念的提取，通过民族教育资源库网数据库的分析，并依据民族教育信息化教育部重点实验室的民族教育信息资源分类体系表对其进行了资源分类。同时，对民族教育信息资源主体词汇表中的同义词等进行了合并，这为后期提取本体库概念与概念之间的关系奠定了坚实的基础。

二、民族教育信息资源本体领域的概念结构

（一）概念结构设计

民族教育信息资源本体主要包括民族文化、民族习俗和民族艺术三个部分，如图 3-7 所示。

民族文化领域的概念主要包括民族文学、民族语言、民族建筑、民族医药、民族历史、民族传说、民族趣闻、民族宗教等。

民族习俗领域的概念主要包括民族节日、民族禁忌、民族风俗、民族风情、民族饮食等。

民族艺术领域的概念主要包括民族工艺、民族体育、民族文艺等。

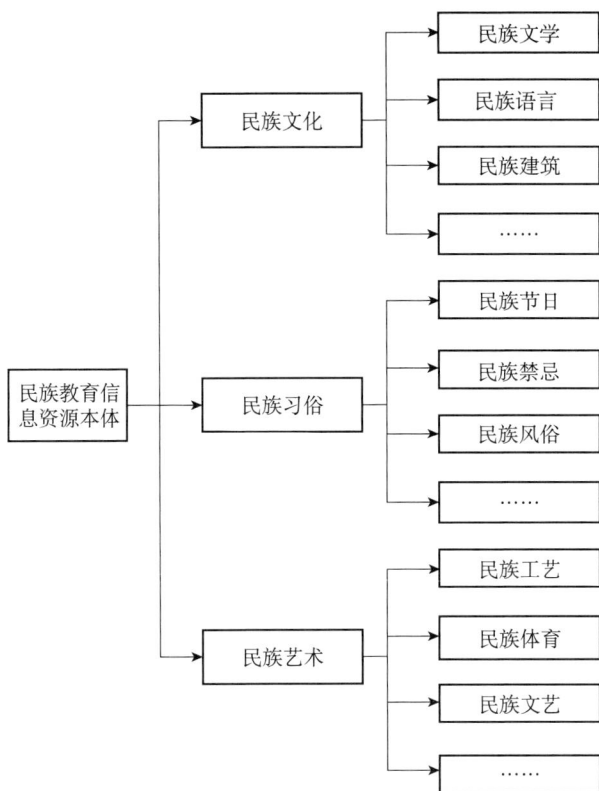

图 3-7 民族教育信息资源概念总体结构图

(二) 领域概念集示例

概念是本体库组成的重要成分,本小节将列举几个重要的概念集及其实例。

1. 概念集示例

(1) 民族饮食概念子集,主要包括饮食文化、民族菜、地方餐馆、民族特产、民族药膳、风味小吃、美食图片等。

(2) 民族人物概念子集,主要包括民族政治家、民族企业家、民族科学家、民族专家学者、民族器乐家、民族工艺师、民族歌唱家、民族书画家、人物资讯、各族精英等。

(3) 民族旅游概念子集,主要包括民俗旅游、民族之旅、旅游线路、推荐景点、古镇推荐、民族古迹、旅游探秘、旅游信息等。

(4) 民族工艺概念子集,主要包括工艺知识、工艺精品、陶瓷工艺、绘画工艺、雕刻工艺、玉器工艺、民间工艺等。

2. 概念实例示例

（1）推荐景点，如香格里拉、玉龙雪山、丽江古城、大理古城等。

（2）民族服饰，如拉祜族男子服饰、景颇族服饰、傣族服饰等。

（3）民族医药，如傣族医学理论、傣药等。

（三）领域本体类的关系

通过上述分析，我们已经确定了民族教育信息资源本体中的相关概念，而通过概念的分层，我们便能够确定民族教育信息资源本体类之间的关系。常见的概念关系有同义关系和上下位关系两种。在确定民族教育信息资源概念时，由于考虑到了概念同义的问题，所以在民族教育信息资源概念构建时已经将同义的概念进行了合并，在此不再考虑。上下位关系在本体中占据着举足轻重的地位，上下位关系决定着概念节点和祖概念节点之间的关系，因此，构建本体时能否较好地定义概念与概念之间的上下位关系将直接影响到后期检索的效果。如图3-7所示，"民族建筑"是"民族文化"和"民族教育信息资源本体"的下位词，而"民族教育信息资源本体"则是所有其他概念的上位词。

三、民族教育信息资源本体的实现

本节依据上述分析结果，使用 Protégé 4.1 实现了民族教育信息资源本体的构建。本体概念树结构、概念间的关系如图3-8、图3-9所示。

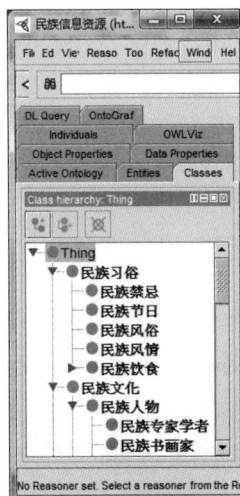

图 3-8　民族教育信息资源本体概念树形结构图

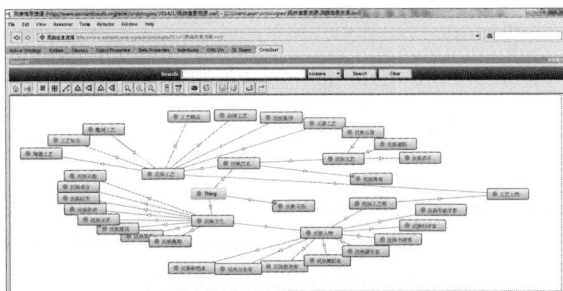

图 3-9　民族教育信息资源本体概念关系图

使用 Protégé 4.1 生成的部分民族教育信息资源本体 OWL 代码描述如下。

```
<owl:Ontology rdf:about = "http://www.semanticweb.org/acer/ontologies/2014/1/民族教育信息资源.owl"/>
<owl:Class rdf:about = "http://www.semanticweb.org/acer/ontologies/2014/1/民族教育信息资源.owl#体育项目">
<rdfs:subClassOf rdf:resource = "http://www.semanticweb.org/acer/ontologies/2014/1/民族教育信息资源.owl#民族体育"/>
</owl:Class>
<owl:Class rdf:about = "http://www.semanticweb.org/acer/ontologies/2014/1/民族教育信息资源.owl#傣族医学理论">
<rdfs:subClassOf rdf:resource = "http://www.semanticweb.org/acer/ontologies/2014/1/民族教育信息资源.owl#民族医药"/>
</owl:Class>
<owl:Class rdf:about = "http://www.semanticweb.org/acer/ontologies/2014/1/民族教育信息资源.owl#傣药">
<rdfs:subClassOf rdf:resource = "http://www.semanticweb.org/acer/ontologies/2014/1/民族教育信息资源.owl#民族医药"/>
</owl:Class>
<owl:Class rdf:about = "http://www.semanticweb.org/acer/ontologies/2014/1/民族教育信息资源.owl#雕刻工艺">
<rdfs:subClassOf rdf:resource = "http://www.semanticweb.org/acer/ontologies/2014/1/民族教育信息资源.owl#民族工艺"/>
</owl:Class>
......
<owl:Class rdf:about = "http://www.semanticweb.org/acer/ontologies/2014/1/民族教育信息资源.owl#风味小吃">
<rdfs:subClassOf rdf:resource = "http://www.semanticweb.org/acer/ontologies/2014/1/民族教育信息资源.owl#民族饮食"/>
</owl:Class>
<owl:Class rdf:about = "http://www.semanticweb.org/acer/ontologies/2014/1/民族教育信息资源.owl#饮食文化">
<rdfs:subClassOf rdf:resource = "http://www.semanticweb.org/acer/ontologies/2014/1/民族教育信息资源.owl#民族饮食"/>
</owl:Class>
</rdf:RDF>
```

四、民族教育信息资源本体的存储

民族教育信息资源本体库构建以后，需要考虑其存储问题，当前主要的本体存储方法有三种[①]：纯文本格式存储、数据库方式存储及专门管理工具方式存储。其中，数据库存储方式能利用 SQL 语言的优势对本体进行高效的管理，当前如 Oracle、SQL Sever 和 MySQL 等数据库都支持本体的存储。但是，这种方式系统设计较为复杂，可扩展性和语义支持较差。使用专门的本体存储工具，如开源的 OMM 软件。OMM 这类软件支持存储和管理 RDF 和 OWL，同时，提供了多种开发接口，通过查询语言能对 RDF 和 OWL 进行相关的查询操作。但是这类工具不具备普遍性，扩展性也较弱。而文本格式存储本体管理就比较方便，同时，当领域专家发现本体中的领域或概念不准确时能及时修改和扩展，支持文本格式的本体的工具也较为普遍，因此，利用 Protégé 4.1 生成的民族教育信息资源本体文件将不改变其存储方式。

第五节　本　章　小　结

本章首先介绍了本体构建的原则和几种常用的本体构建方法，接着在此基础之上，提出了构建民族教育信息资源本体的基本过程。对民族教育信息资源的相关概念和关系进行了分析，并利用 Protégé 4.1 本体工具构建了民族教育信息资源本体库。通过对三种本体存储模式的比较，最终使用文本格式存储民族教育信息资源本体。

---

① 张杰. 基于关系数据库的本体存储研究与实现. 重庆：重庆大学硕士学位论文，2012.

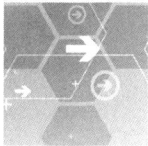

第 四 章

多源异构民族教育信息资源知识库构建

知识融合是指将不同来源的异构资源进行合理的组织和整理，并转换成统一的知识模型，从而获取新的知识，然后再把其融入已有的知识库中。知识融合的前期工作则要求将异构资源进行合理的组织。统一模式、消除异构，以方便后期知识融合。本章着重讲解多源异构民族教育信息资源知识库的构建，包括民族教育信息资源的多源、异构性探究，多源异构民族教育信息资源知识组织、多源异构民族教育信息资源知识库构建与生成等。民族教育信息资源知识组织可基于 RDF 模型、XHTML 扩展、OWL 扩展等方式，多源异构民族教育信息资源知识库构建过程中，根据所选用的知识组织模型，如 RDF 数据模型，应将不同类型的数据源（如关系数据库、XML 等）转换成 RDF 模型，基于共同的数据模型对数据进行描述，并在此基础上构建多源民族教育信息资源本体，然后根据 RDF 数据模型和 OWL 对多源异构民族教育信息资源知识库进行构建。

第一节　多源异构民族教育信息资源概述

一、民族教育信息资源的定义

陈德容认为，"所谓民族信息资源，凡是涉及少数民族或少数民族地区的社会、经济、政治、历史、文化、风情、教育、宗教等方面的信息，无论是国内的还是国际的，无论是中文的还是外文的，都属于民族信息资源的范畴；凡是论述少数民族籍人物及用少数民族文字书写的信息，只要是在线运行的，无论作者古今，无论学科范围，都应视为民族信息资源的范畴"[1]。网络上的民族教

---

[1]　陈德容. 网络环境下民族信息资源的建设与发展. 图书馆理论与实践，2003，(2)：64-66.

育信息资源可以理解为主要是通过计算机技术、通信技术、多媒体技术等相互融合而成的，便于发布、查阅和存取利用的资源。

随着计算机技术、通信技术、多媒体技术的广泛使用，网络上的民族教育信息资源主要是在这些技术融合过程中产生的，但这些资源庞杂无序，不便于查阅和使用，并不能很好地得到利用。将民族教育信息资源进行有机管理能有效促进民族资源的交流与共享，达到网络化的真正意义，并且能为偏远的民族地区信息资源带来无限生机，达到民族教育信息资源真正开发与利用的目的。同时，民族教育信息资源的网络化为人们提供了丰富多彩、种类繁多的民族旅游信息，促进了各个民族间的交流与团结，有利于提高少数民族的文化素质。

构建民族教育信息资源知识库是民族教育信息资源有机管理的另一种表现形式，是民族地区服务机构存储知识资源，进行民族信息高效利用的基础。当前网络上的民族教育信息资源存在丰富多样、布局不平衡、不统一、不规范等特点，这些民族教育信息资源包含着粗糙的知识资源，需要对这些资源进行规范化处理，使之满足特定要求，方便后期知识融合的输入。

二、民族教育信息资源的异构性特点

实现民族教育信息资源的共享与交流，首先需要解决"信息孤岛"的问题，以便于有效地利用民族教育信息资源，对下一步的知识融合过程起到帮助作用。异构性是民族教育信息资源的重要特征，主要表现为四个等级上的异构。

（1）系统级异构。系统级异构主要表现在计算机硬件设备上，一方面是由于计算机系统的不兼容，另一方面是由于网络的不兼容。

（2）语法级异构。语法级异构主要表现为民族教育信息资源数据类型、格式间的差异区别。

（3）结构级异构。结构级异构主要是在设计的算法程序上的不同，如数据结构定义的不同，以及开发模式、接口的不同等。

（4）语义级异构。语义级异构主要指在同一领域对专用词汇在理解上的不同、交流上的不同导致的障碍。

多源异构民族教育信息资源知识融合的根本任务就是提供用户对多源异构民族教育信息资源的透明性、一致性、实时性访问。这里的透明性是要屏蔽底层民族教育信息资源间的差异，让用户得到的民族信息是来自一个较大的信息源；一致性是要消除民族教育信息资源之间存在的结构和语义异构；实时性要求用户访问的信息资源是要更新过的。要想让用户从网络化的民族教育信息资源空间中获取"真正想要的知识"，实现异构民族教育信息资源彼此之间的"真正互通"，就要求民族教育信息资源知识融合上不仅仅要解决系统、语法、结构级的异构，更重要的是要消除语义级的异构。

由于领域专家或不同团体对领域事物的认识和表示不同，少数民族信息的复杂性、语义级异构性表现为横向差异和纵向差异。横向差异指不同的数据资源关于一定领域的词汇描述存在冲突；纵向差异指同一团体，随着时间的变化、知识水平的提升或其他原因，导致在不同时间产生的关于一定领域的词汇描述的不一致。

从民族教育信息资源异构性角度出发，解决语义的异构问题更为关键。从知识结构化角度出发，目前常用的知识资源主要有三类，如不易处理的非结构化的文本知识、庞杂无序的半结构化网页知识、应用较为广泛的关系型数据库等。如何找到一种合理的方法，既能一定意义上消除语义上的异构，又能很好地将未经处理过的知识资源很好地转换成统一的知识表示，这是对知识资源处理的关键所在。关联数据（linked data）是由 Tim Berners-Lee 在 2006 年提出来的[①]，它能很好地把网络中没有关联的相关数据连接起来，方便人们理解和发现知识，从而构成一个蕴含着大量结构化、语义关联的资源新环境。多源异构的民族教育信息资源同样存在着关联数据网络的一些特点，采用关联数据相关理论能很好地解决民族教育信息资源四个级别上的异构问题，方便异构民族教育信息资源知识库的构建。

第二节　多源异构民族教育信息资源知识组织方式

关联数据可以看作语义网的一种简化实现，它一般通过 RDF 数据模型将各种非结构化的数据和结构化的数据转换成遵循统一标准的结构化数据，特别是在后期知识融合过程中，其作用是基础性的和多方面的，主要表现为以下三点。

（1）有效整合组织内的知识单元。当前将知识模型通过 RDF 数据模型来表达越来越简便且具有优势，因为这样能使不同知识的数据和模型在语法的表达

---

① W3C. Link Data. http：//www. w3. org/wiki/LinkedData［2014-09-24］.

上具有一致性，避免了语法级的异构，同时能够通过工具和代码将两者进行关联性操作，不用考虑语法转化。

（2）合理提高组织知识的可信度。关联数据一般要求采用 RDF 数据模型，使用 URI 命名数据实体，发布和部署实例数据和类数据，通过 HTTP 协议获取这些数据，这样使得关联数据是关联的、开放的，同时具有共享性、可扩展性和重用性等特点。由于关联数据采用自主内容格式以及标准的知识表达规则和检索协议，使用 URI 使不同的资源描述指向同一实体，为各类知识对象相关的常用术语提供规范化控制，用户不仅可以通过 URI 追踪来源，还可以通过规范控制机制，使得组织具有真实、可靠性。

（3）适应语义 Web 发展需求。关联数据能够将组织内外部的知识进行整合，让组织和组织内成员更大范围地获取相应知识，一方面，它采用 HTTP 统一应用接口，标准化方式的数据访问降低了用户使用难度；另一方面，它使用 URLs 和 RDF 描述的数据集资源，用户只要通过解析 URI 链接即可实现浏览，这对于组织成员是很有价值的。针对民族教育信息资源，构建知识库也需要适应后期 Web 技术的发展需要，是一个长期过程，关联数据在语义技术方面在未来 Web 世界中具有很强的竞争力，是不错的选择。

一、基于 RDF 数据模型[①]

Berners-Lee 提出的关联数据的四个原则之一是：采用 URI 作为网络上任何事物资源对象的标志名称，其 URI 作为标志符系统，采用 RDF 作为数据模型，XML 是表示语言。

在 RDF 的资源描述框中，把信息资源看作是由三部分组成的一个断言集合，叫做陈述（statement），陈述又叫三元组（triple），由主语、谓语、宾语三部分组成。主语指的是需要描述的对象，谓语是用来描述主语和宾语之间的关系的。用带有节点和有向边的图来表示 RDF 模型的三元组结构称为 RDF 图。一个 RDF 图中，每个三元组表示为节点—边—节点之间的链接，其中的节点可能是主语也可能是宾语，而谓语只能是边，边的方向总是由主语指向宾语。

RDF 图中，节点存在两种类型：资源和文字。文字用方节点来表示，它是

---

① 梁艳琪. 基于关联数据的知识创造中知识融合研究. 武汉：华中师范大学硕士学位论文，2013.

具体的数据值，可以是数字或字符串，不能作为陈述的主语，只能作为宾语；资源用椭圆节点表示，它可以用来表示任何事物，既可以是主语也可以作为宾语。例如，组织内成员信息"Zhang knows Li, Zhang's surname is Ming. Li learns with Wang."可用图 4-1 所示的 RDF 图表示。

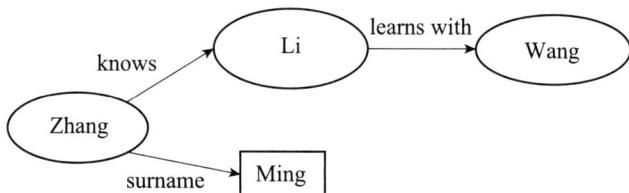

图 4-1　组织成员信息 RDF 图

对于 Web 上的每一种资源，如 HTML 文档、图像、视频片段、有关程序等，都可以通过 URI 进行定位，通常 URI 由三部分组成，分别是访问资源的命名机制、存放资源的主机名、资源自身的名称，URI 也是通过路径来表示的。URI 引用标志资源可以用来表示 RDF 数据模型，RDF 所声明的主语、宾语等都可以是 URI 应用，上文 RDF 图用 RDF/XML 语句表示如下。

```
＜rdf:RDF
xmlns:people = "http://webSemantic. net/people♯"
xmlns:rdf = "http://www. w3. org/1999/02/22-rdf-syntax-ns♯"
xmlns:foaf = "http://xmlns. com/foaf/0. 1/"
xmlns:ex = "http://webSemantic. net/ont/foaf-extension♯">
＜!--This is a comment. -->
＜rdf:Description
rdf:about = "http://webSemantic. net/people♯Zhang">
＜foaf:surname＞Ming＜/foaf:rename＞
＜foaf:knows
rdf:resource = "http://webSemantic. net/people♯Li">
＜/rdf:Description＞
＜rdf:Description
rdf:about = "http://webSemantic. net/people♯Li">
＜ext:learns with
rdf:resource = "http://webSemantic. net/peple♯Wang" />
＜/rdf:Description＞
＜/rdf:RDF＞
```

为了表示的简单化，在 RDF 数据模型结构中并没有使用完整的 URI 来标记资源，根据 RDF/XML 声明语句，URI 图的表示如图 4-2 所示。

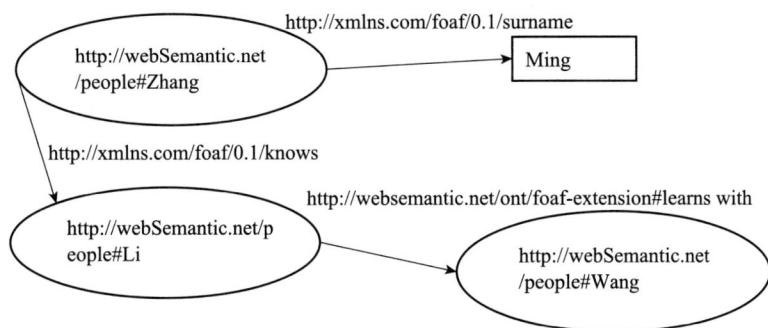

图 4-2　URI 表示资源的 RDF 图

RDF 结构为异构的信息资源提供了一种强大且富有表达力的模型，针对民族教育信息资源，首先需要建立一个关于民族教育信息的公共词汇表或者资源集合，该公共词汇表或者资源集合要易于理解且要使用一致的方式来对其进行描述。其次，借助 RDF Schema（RDFS）提供的语言可以建立关于民族教育信息资源的共享词汇表。最后形成的 RDFs 词汇表从整体上描述了 RDF 模型中所使用过的类、属性和资源，这为民族教育信息资源领域建模提供了好的基础，同时使用 RDF 提供的查询语言 RQL，能够对一个或多个 RDF Schema 模式进行查询，返回相应的变量绑定列表。

二、基于 XHTML 扩展格式[①]

XHTML 是 W3C 推荐的一个标准，是可扩展超文本标志语言的缩写。XHTML 不同于 HTML，HTML 是网页设计语言，而 XHTML 是基于 XML 的标记语言，本质上 XHTML 是实现 HTML 向 XML 过渡的技术，它结合了大部分 HTML 的简单特性和部分 XML 的强大功能，更重要的是，XHTML 可以嵌入两种可供关联数据使用的 RDF 扩展格式，分别是 eRDF 和 RDFa。

（1）eRDF 使用。eRDF 作为 RDF 的一个子集，是嵌入式 RDF 的缩写，可以嵌入到 XHTML 中。这里的子集指正式的 RDF 标准中的一些内容在 eRDF 中是不支持的，如空白节点、隐含类型文字，eRDF 中主语或宾语是参考替代文档

① 梁艳琪. 基于关联数据的知识创造中知识融合研究. 武汉：华中师范大学硕士学位论文，2013.

外部的 URI 进行陈述的。使用 eRDF，可以通过 XHTML 中 head 元素的 profile 元素来声明网页中所含有的 eRDF 内容，使用 link 元素和关系属性来指定名称空间，陈述部分需要具体创建。

（2）RDFa 使用。RDFa 是 XHTML 的一种语义标注技术，全称是 RDF attribute。RDFa 允许在 XHTML 中插入嵌入式语义，W3C 已将其纳入其中，成为一种推荐技术标准。RDFa 是使用 XHTML 标记中的简单属性来为实体和属性分配简要描述性名称的，如<span>、<div>标记，RDFa 中主语［URI reference］一般使用@about 来表示，谓语可以使用@property、@rel、@rev 来表示，若是［URI reference］的宾语则使用@href、@resource、@src 来表示，若是［literal］的宾语则使用@content 来表示。以下是关于一个佤族人物使用 RDFa 代码的示例。

```
<div xmlns:dc = http://purl.org/dc/elements/1.1/
about = "http://ethnic.ynnu.edu.cn/ethnic/Wa/people">
<span property = "dc:name">Zhang san</span>
<span property = "dc:email">zhang@163.com</span>
<span property = "dc:education">university</span>
</div>
```

代码使用了 RDFa 的 about 属性和 property 属性，描述了一个佤族人物的姓名、邮箱、教育背景等相关属性，这些属性可以使用支持 RDFa 的机器语言来识别，这样能够形成人们可以理解的知识结构体系，为后期研究所使用。

三、基于 OWL 扩展格式

OWL 是 W3C 开发的一种网络本体语言，主要用于对本体进行语义描述。相对于 XML、RDF 和 RDF Schema，OWL 有更多的机制来表达语义。它采用关联数据可使用的语义结构，OWL Web 本体语言扩展了 RDFs 词汇表，可以为 Web 构建表达力更丰富的本体。OWL 是在 DAML＋OIL 基础上改进开发出来的，图 4-3 给出了多种本体表示模型与语言之间的关系。

OWL 大部分语言是沿用 RDF 和 RDFs 的语法，OWL 本体元素大多数涉及类、属性、类实例和这些实例之间的关系。OWL 实例的声明和 RDF 是一样的，使用 RDF 描述和类型信息；OWL 构造是对 RDF 中对应构造的特殊化，如 owl：

Class、owl：DatatypeProperty、owl：ObjectProperty 等。OWL 包含两种属性，即对象属性和数据类型属性，OWL 建立在 RDF 和 RDFs 的基础上，是基于 XML 语法的，一个 OWL 本体以（rdf：RDF）元素为根元素，指定了命名空间，类使用 owl：Class 元素进行定义。

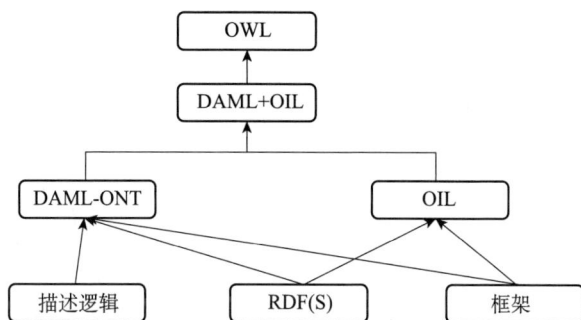

图 4-3　本体表示模型与语言之间的关系[①]

第三节　多源异构民族教育信息资源知识库生成

实际情况下，在使用和存储民族教育信息资源时，大部分信息格式和表达方法是可用的，但对于特定的用例仍需要按照不同的变化进行处理。基于关联数据结构特征，上文所述三种方法可对不同的数据进行组织，但针对不同的数据源，将数据填充到一个共有的数据模型（RDF 数据模型）上，使用共有的数据模型来对不同数据进行描述，对后期知识库生成是必要的，图 4-4 所示的便是知识形成过程。

基于上述知识形成过程，我们选择了对不同数据源转化为 RDF 模型的方式进行探讨，这里数据源主要表现为关系数据库和 XML 格式，最后对统一的模型如何构建知识库进行讨论。

一、不同数据源转化成 RDF 模型

关系数据库是当前用于存储信息资源较为常用的方法，XML 通常也被用作

---

① 梁艳琪 . 基于关联数据的知识创造中知识融合研究 . 武汉：华中师范大学硕士学位论文 . 2013.

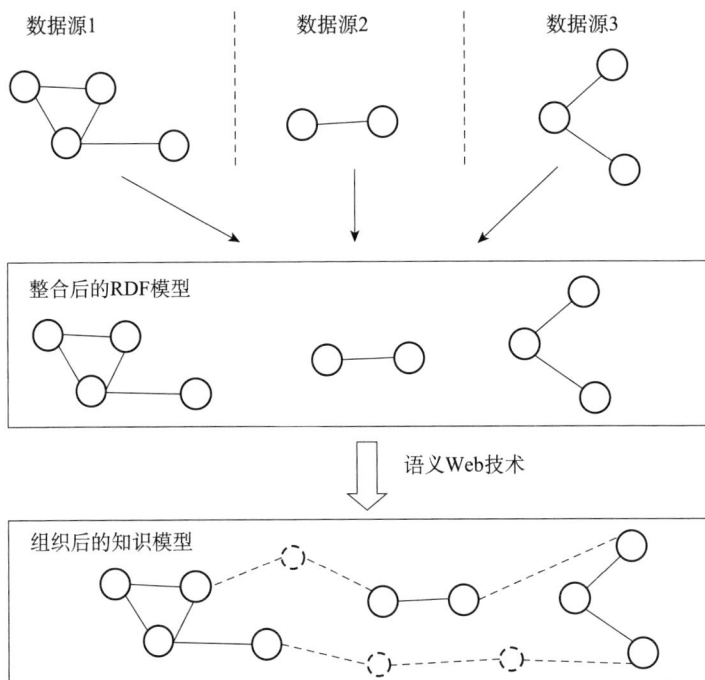

图 4-4　知识形成过程

信息交换的一种数据格式，可为多用户提供不同的数据，把关系数据库和 XML 统一成共有的 RDF 数据模型，方便使用共有知识模型对数据进行描述，下面分别介绍两种转化成 RDF 模型的方法。

（一）关系数据库到 RDF 的转换

关系数据库是目前大多数网站、信息存储数据的首选数据库，随着关联数据在不同数据源之间创建语义关联的优势，把关系型数据库转换成关联数据所满足的原则是趋势，当前已存在一系列实用的工具帮助完成关系型数据库到关联数据 RDF 模型的转换，如 D2R、SquirrelRDF、Virtuoso 等工具，D2R 是使用最广泛的转换工具，D2R 工作原理的主体架构如图 4-5 所示。

从图 4-5 可以看出，D2RQ 引擎的主要功能是使用一个可以定制的 D2RQ 映射（D2RQ mapping）文件将关系数据库转换成 RDF 的格式，关系数据库到 RDF 的转换需要借助三个组件，即 D2RQ 引擎、D2R 服务器、D2RQ 映射文件。其 D2R 的工作原理是：D2RQ 映射文件主要是些映射规则，主要说明关系数据库中二维表中的表和列如何与三元组中的主体和谓词进行映射，然

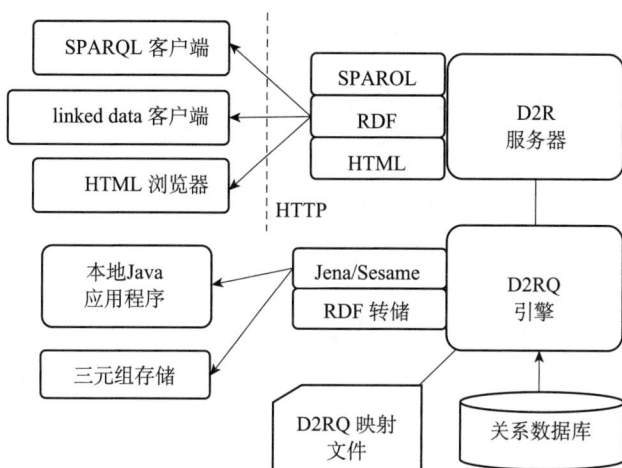

图 4-5　D2R 工作原理主体架构

后 D2RQ 引擎利用生成的 D2RQ 映射文件将关系数据库中的数据转换成虚
拟的 RDF 数据，最后 D2R 服务器通过 RDF 接口对转换的数据进行查询访
问，同时支持 SPARQL（RDF 结构查询语言）客户端、HTML 客户端的调
用，也可以通过本地 Java 应用程序调用 Jena/Sesame 接口来访问 RDF 数据。
D2R 使用步骤主要是四步，即生成 D2RQ 映射文件（mapping file）；使用
D2RQ 映射文件对关系数据库进行转化与访问；使用 D2R 服务器默认的数
据处理和访问方式浏览转换的 RDF 数据；使用 Jena API 构建自己的应用。
D2R 工具方便地实现了关系数据库到 RDF 间的转换，同时也提供了将关系
数据库中的数据转换成真实的 RDF 文件的功能，为资源描述处理带来了很
好的帮助效果。

（二）XML 到 RDF 的转换

XML 在 Web 资源存储中使用较为频繁，其简洁性和灵活性使得 XML 成为
数据交换的一种常用格式，并且很多应用程序使用 XML 作为数据存储，选择将
XML 转换成 RDF 数据有着重要意义。XML 转换成 RDF 数据是通过将 JAXB
（Java Architecture for XML Binding）和 Velocity 模板结合使用来完成的，其中
JAXB 是一个业界标准，可以根据 XML Schema 映射到 Java 类集合，Velocity
是一个基于 Java 的模板引擎，可以使用简单的模板语言来引用 Java 代码定义的
对象，图 4-6 是 XML 转换成 RDF 的步骤示意图。

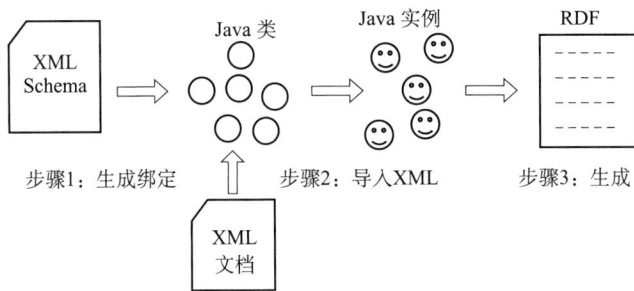

图 4-6   XML 转换成 RDF 的步骤示意图①

从图 4-6 可知，要将 XML 转换成 RDF，首先需要基于 XML Schema 生成 Java 绑定，并且分析 XML Schema 得到所需的 Java 类集合，这样做的目的是依 附于 XML Schema 模式得到的这些类，能很好地描述如何将 XML 数据迁移到 Java 对象中去，然后生成前面类的实例，最后把 XML 数据装载到 Java 对象中，借助 Velocity 提供的模板语言和处理引擎得到所需的 RDF 文件。

把关系数据库和 XML 转换成 RDF 模型，是关联数据融合过程步骤中最为重 要的一步，它并不是颠覆原来已有的数据表示方法，而是使用共有的数据模型，即 RDF 模型，使得所有格式、知识表示和模式的信息处理过程更为简单。

二、多源异构民族教育信息资源本体的建立

在上文中我们讨论了把不同数据源转换成 RDF 模型，有利于使用共有的数 据模型来对数据进行描述，但是并没有一种有意义的方式来融合这些数据，因 为每一种数据源的信息都是使用面向该数据源的词汇表来表达的。这些词汇表 使得所表达的数据很难被利用，可以把这些词汇表看作数据源本体。本体作为 概念模型的明确规范，其作用是为了构建领域模型。一个领域本体是领域概念 之间关系的描述，通过本体映射定义可知，只有建立数据源本体与领域本体之 间的连接关系，才能实现真正意义上的数据融合。因此，我们需要构建多源异 构民族教育信息资源本体，其主要步骤如下。

（一）构建领域本体——以中国佤族为例

构建多源异构民族教育信息资源领域本体，需要对民族教育信息资源进行

---

① 梁艳琪. 基于关联数据的知识创造中知识融合研究. 武汉：华中师范大学硕士学位论文，2013.

分类，我们以中国佤族为例，分别对佤族的社会、历史、地理、经济、思想、风俗、风景名胜、教育、科技、文化艺术、医疗卫生、体育娱乐、语言文字、新闻出版、人物、文物、典籍论著等主体模块进行层次划分，每个模块的主要内容如下。

社会概况：人口、现代建制、地方性法律法规。

历史进程：族称、族源、历史建制、职官、典章制度、历史事件。

世居地地理：地理位置、地质地貌、山脉、河流水系、气候、自然资源。

经济：传统农业经济、现代农业经济、工业、商业、交通运输、金融、通信。

思想：原始宗教、多神崇拜、祭祀、占卜、忌讳、辟邪、外来宗教。

世居地风俗：饮食、服饰、民居、婚姻家庭、器用、生产、乡规民约、岁时节日、禁忌、丧葬。

世居地风景名胜：自然和人文景观。

世居佤族教育：传统教育、现代教育。

世居佤族科技：传统科技、现代科技。

文化艺术：民间文学、作家文学、音乐、乐器、舞蹈、美术、影视、文化艺术团体。

医疗卫生：民间常用药物、传统诊疗方法、常用外治理疗法、常见疾病治疗、健康智慧。

体育娱乐：传统体育、现代体育。

语言文字：佤文创制、字、词、句、语音、语法、双语教育、佤语支系。

人物：政治、军事、教育、文学艺术、卫生体育、实业、宗教等方面的人物。

文物：崖画、功德碑、抗英纪念碑、佛堂、木鼓、铜鼓、班洪抗英盟誓旧址。

可以使用本体构建工具 Protégé 进行本体构建，依据上述中国佤族类层次划分结构，对中国佤族知识概念类进行结构划分，从而形成本体类的树状结构。

（二）本体映射

本体映射过程中，需要特别注意的是领域本体与顶层本体之间的关系，换句话说，就是全局本体与局部本体之间的关系，通常参与映射的两个本体之间很难建立关系，这就需要找到一个参考本体，使之与参与映射的两个本体之间建立联系，这样就能找到两个本体之间的映射关系，实际情况中经常选取顶层本体或全局本体当作参与本体。图 4-7 中文学艺术方面人物领域本体和舞蹈领域本体是两个不同领域的本体，通过借助顶层本体可以寻找到两个本体之间的关系。文学艺术方面人物本体中的概念"文学艺术方面人物"与顶层本体中的概念"艺术家"存在映射关系，而舞蹈本体中的概念"舞蹈"也与顶层本体中的概念"艺术家"存在映射关系，借助这个可以找到文学艺术方面人物本体与舞蹈本体是存在映射关系的。

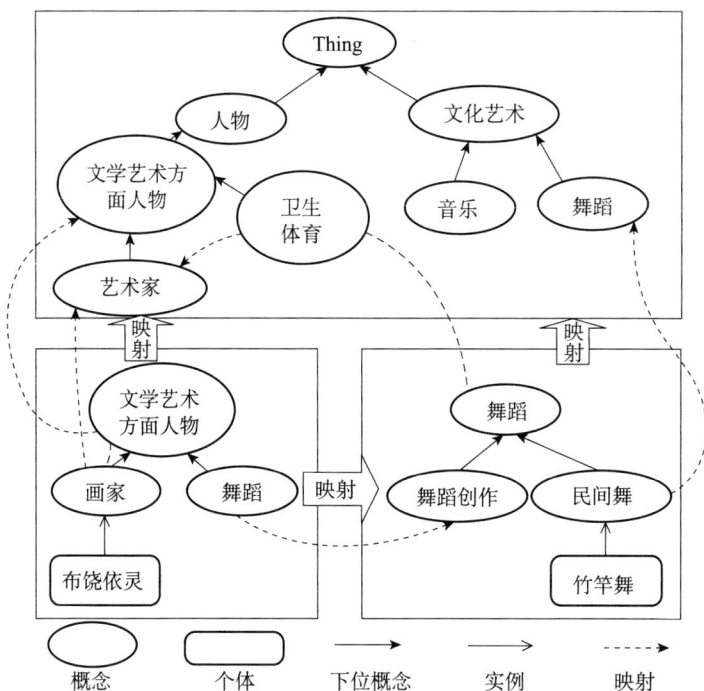

图 4-7　本体映射示意图

通过本体构建工具 Protégé 可以实现本体的映射关系，由于在 Protégé 中所有概念都是 Thing 的子类，所以 Protégé 实际上只存在一个本体，我们忽略掉 Thing 超级父类概念，通过属性来连接概念之间的关系，即可表达本体之间的映射关系。

三、多源异构民族教育信息资源知识库构建

知识是有序化组织的数据，知识库则是有序化数据的集合，并能够对这些数据进行有效管理。上文中讨论了如何把不同的数据源转换成 RDF 模型和多源异构民族教育信息资源本体的建立，发现我们将不同的数据源采用统一的 RDF 模型来组织，同时本体及本体实例数据也是基于 RDF 数据模型的，采用 RDF 数据模型的主要优点是计算机可读性、便捷的信息集成、信息推理、命名唯一和表示方法多样等，因此我们采用 RDF 数据模型和 OWL 来对知识库进行构建。下面是本小节知识库的生成步骤。

（一）对不同数据源进行包装处理

对不同数据源进行包装处理是知识库构建流程中的首要步骤，如图 4-8 所示。

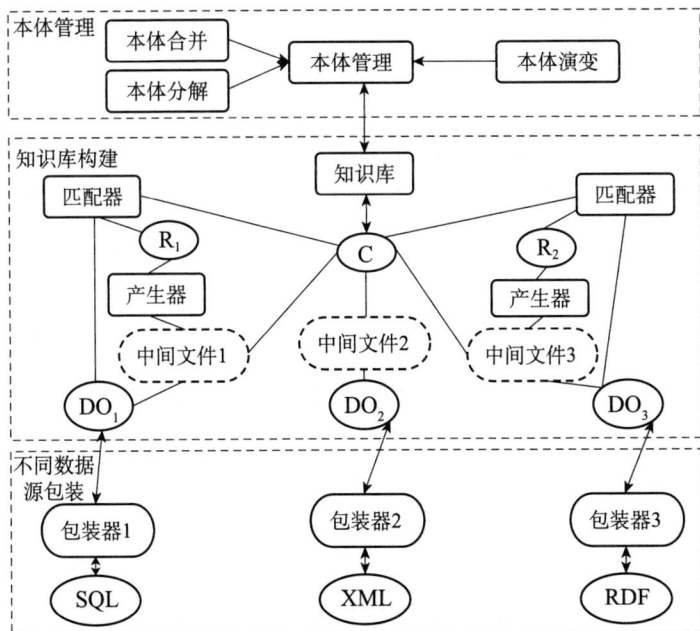

图 4-8　知识库构建模型

图 4-8 中对不同数据源（SQL、XML、RDF）通过包装器进行包装的目的是转换为本体 DO_i。针对不同的数据类型包装器不同，转换方式不一样，本书

前面已经分别对关系数据库、XML 转换成 RDF 进行了讨论。图 4-8 中包装器 2 是传统格式的包装器，主要针对 XML 或者是能够进行结构化描述定义的传统资源，可以通过 Velocity 模板来进行格式转换，从而形成对原始文件的包装；包装器 1 是关系数据库包装器，可以通过 D2RQ 工具将关系数据库数据公开为 RDF 图，并支持 SPARQL 访问，从而形成对关系数据库的包装；包装器 3 是关联数据包装器，主要针对语义 Web 中 RDF 数据模型等数据资源，可以通过 Pubby（关联数据前端）将 RDF 数据进行 URI 映射以支持 Web 浏览器访问来进行包装。

（二）知识库构建流程

首先将不同数据源进行包装转换成本体 DO_i，其次将转换的本体 DO_i 与通用本体 CO 通过匹配器进行匹配生成对准规则 R_i，然后在对准规则 R_i 条件下通过产生器生成中间文件，通过中间文件可以进行通用本体 CO 与数据源（SQL、XML、RDF）之间的交互，最后当数据转换成 RDF 且可按照适当的本体描述时，把转换后的数据存储到知识库中，提供接口访问。

（三）本体管理

本体管理伴随着知识库构建的整个生命周期，主要是对涉及的本体进行管理，包括本体合并、本体分解、本体演变，其作用是通过本体管理可以很容易地控制所涉及的本体版本（旧版本或新版本），从而可以对知识库进行更新。Jena 语义 Web 框架能对 RDF 数据模型进行本体合并和本体分解，而本体演变则需要制定相关规则才能有效实施本体管理，如图 4-9 所示。

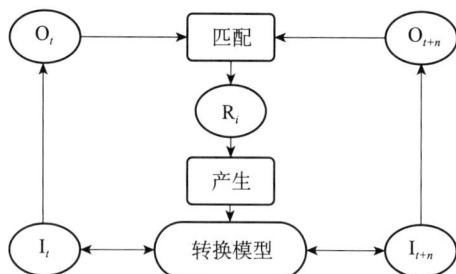

图 4-9   本体演变示意图

图 4-9 中，首先将老版本本体 O_t 和新版本本体 O_{t+n} 通过匹配器匹配生成对准规则 R_i，然后在对准规则 R_i 条件下通过产生器生成一个转换模型，通过转换

模型最后将本体实例 I_t 转换为 I_{t+n}，这样来实现本体演变。

第四节　本 章 小 结

本章主要介绍了多源异构民族教育信息资源知识库的生成过程，对多源异构民族教育信息资源特点进行了描述，根据多源异构民族教育信息资源特点把不同数据源转换为 RDF 模型，建立民族教育信息资源本体，最终给出了多源异构民族教育信息资源知识库的构建过程。

第五章

多源异构民族教育信息资源知识融合

知识融合是在信息融合的基础上发展起来的，同知识科学与信息融合紧密联系。知识融合功能目标上与信息融合一致，都是将多源的对象进行综合分析得到新的可用的同类对象，不同之处是知识融合不仅需要处理数据化的信息，同时还需要处理用不同粒度表示的知识对象，如知识库和知识元素。本章主要讨论的是知识创造中的知识融合，即将已外化的、不同来源的、异构的系统知识进行组合、整理，转换成统一的知识模型，从而获取新的知识，然后再融入到已有的知识网络中。多源异构民族教育信息资源知识融合的根本任务是提供用户对多源异构民族教育信息资源的透明性、一致性、实时性访问，实现多源异构民族教育信息资源的重用、共享、交互，特别是对优化民族信息知识对象体系结构具有重要意义。

第一节　知识融合相关理论

一、知识融合的定义

目前相关研究领域的文献中并没有给知识融合一个统一的定义，知识融合作为一个交叉学科，从研究对象出发可以把知识融合归纳为两类。

第一类是以 KRAFT 项目为代表的，该定义认为知识融合是指从众多分布式异构的网络资源中搜索和抽取相关知识，并转化为统一的知识模式，从而为某一领域的问题求解构造有效的知识资源，该类主要以 KRAFT 项目为代表[①]。图 5-1 是 KRAFT 概念层次体系结构图。

---

① Preece A D，Hui K Y，Gray W A，et al. The KRAFT：architecture for knowledge fusion and transformaton. Knowledge Based Systems，2000，13（2/3）：113-120.

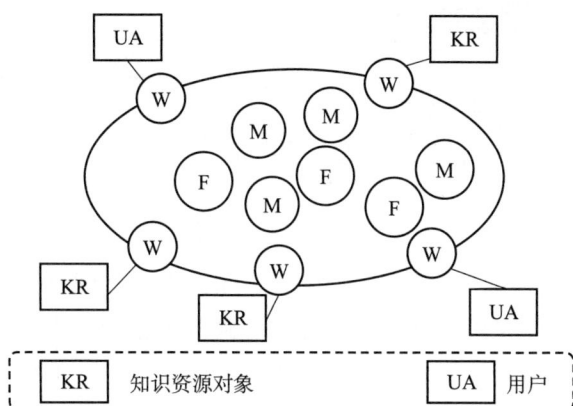

图 5-1　KRAFT 概念层次体系结构

KRAFT 在概念层次结构上对应一个知识域，图中 W、F、M 分别表示具有三类功能的对象实体，这里我们把数据库和知识库都视为服务资源，用户 Agent看作消费者。W 作为对象实体，是服务对象和资源之间的互通渠道，可看作接口，这里的对象实体功能包括异构资源的数据集成、语义基础上的知识转换、知识一致性检查和处理、本体的知识等价转换等①。实际情况中，F 根据对应的服务资源或者对应用户 Agent（图中用 W 代替）所提供的信息找到适合的 M，在 M 之间建立路由，若路由是从资源对应的 W 到 M，则对 M 进行知识转换，整个过程中当一条路径上存在多个 M 或者同一 M 位于多条路径上时进行知识融合。若路由是从用户 Agent 所对应的 W 到 M 的，M 则以统一的模式结构将另一端的知识资源提供给消费者。在整个处理过程中，KRAFT 支持的知识融合关键在于将要抽取的知识转换为实际应用服务的知识模式提供给所需的服务，整个融合过程实质上是知识模式的不断集成和转换，最终为用户提供的是有价值的知识。

第二类定义强调集成过程的结果产生新的知识，认为知识融合是一种服务，它通过对来自分布式信息源的多种信息进行转换、集成和合并等处理，产生新的集成化知识对象，同时可以对相关的信息和知识进行管理②，图 5-2 为该定义对应的典型结构图。

从图 5-2 可以看出，第二类定义对应的系统把知识融合分为了四个主要功能

①　Robert A. Kraft Homepage of the KRAFT project. http：//www. csd. abdn. ac. uk/research/kraft. html［2000-01-30］.

②　Brian J G，Dickson L. Knowledge fusion//Proc. of the 7th Annual Workshop on Conceptual Structures：Theory and Implementation. Springer-Verlag Published，1992：158-167.

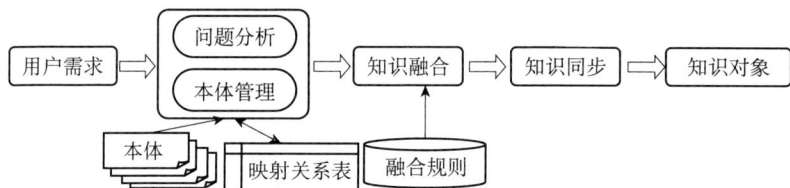

图 5-2　第二类定义典型结构

模块，即问题分析、本体管理、知识融合、知识同步。问题分析模块为后期工作提供基础数据，需要用到全局的本体库和映射关系表，主要是对需要求解的问题进行分析和分解；本体管理模块负责处理领域本体之间的交互性操作，设置映射关系表，并用于维护各领域本体之间的交互关系；知识融合模块是系统的核心，其目标是按照融合规则集中待解决问题的本体对象，将众多异构信息资源融合为新的知识化对象；知识同步模块的主要功能是对于用户所需求的知识，同步更新知识库，对知识融合引起的知识元素变化进行处理，保证用户端知识对象的一致性。

结合上述两类对知识融合的定义，可尝试性地将知识融合定义为：知识融合是通过对异构数据源和知识源进行组织和管理，结合用户实际需求对知识元素进行转化、集成和融合等处理，产生有价值或新的知识，优化知识对象的结构和内涵，以提供知识的服务。

二、知识融合系统框架

知识融合系统框架目前研究较多，并没有一个统一的标准，结合图 5-3 给出的第二类知识融合概念结构[①]，知识融合系统框架需要具备以下几个功能：相关领域本体库建立和知识元集生成，适用领域的知识融合算法设计，根据用户需求得到解知识及对知识库的更新过程。图 5-3 给出了知识融合系统框架模型。

（1）数据模型。知识融合系统框架包含了五类数据模型，表现为代表知识源的知识库集合，各知识库所对应的元知识集，由对象化表示的本体构成的本体库集合，系统框架中知识融合算法用到的融合规则库，由本体和先验知识结合生成的约束集合。该五类数据模型构成了系统框架整个过程的数据基础，是知识融合系统框架的核心。

---

① 缑锦．知识融合中若干关键技术研究．杭州：浙江大学博士学位论文，2005.

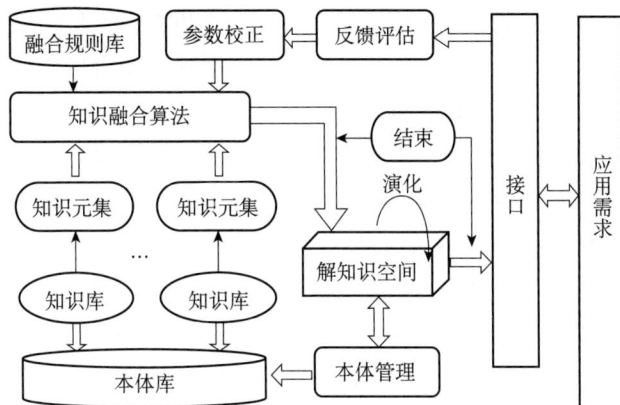

图 5-3 知识融合系统框架

（2）功能模块间的处理流程。系统框架处理流程首先对分布的异构知识源进行处理，生成适合于应用领域的元知识集，在本体管理的基础上构建适合的领域本体库，其中本体管理主要是完成相关的本体映射和全局本体库；其次知识融合模块采用相关的知识融合算法对规范化表示的知识元集进行知识融合处理；最后结合实际需求构建解知识集，该过程中解知识空间会按照一定的规律对知识元素进行演化，从而搜索出用户所需要的新知识，另外，系统能根据得到的结果对知识融合算法相关参数进行优化反馈评估。

（3）系统层次结构。从层次结构角度可以把知识融合系统框架分为三个层次，分别是数据基础层、中间层、应用层，图 5-4 为抽象后的知识融合系统框架层次结构图。

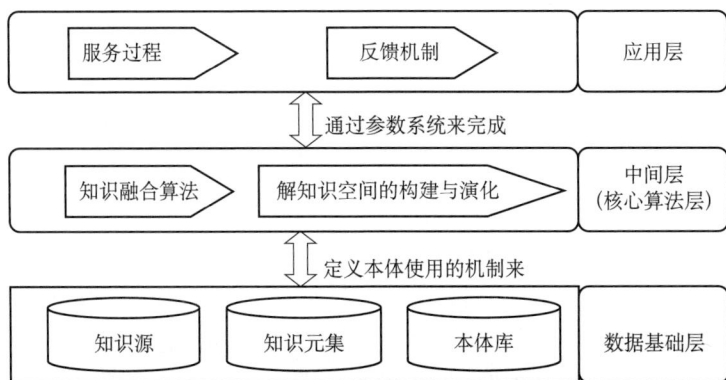

图 5-4 抽象后的知识融合系统框架层次

抽象后的知识融合系统框架层次主要分为三层，其中数据基础层包括系统用到的知识源、知识元集及本体库；中间层主要包括知识融合算法及构建的解知识空间，该层也叫核心算法层；应用层主要为用户提供服务，包括服务过程及根据结果制定的反馈机制。三者之间数据基础层与应用层不能直接进行交互，需要借助中间层进行交互，数据基础层与中间层主要是通过定义本体的使用机制来完成的，系统框架中间层与应用层之间的交互是通过系统中的参数系统来调节完成的。

（4）系统概念层次建模。系统从概念建模角度可以看作是一个实际问题求解系统，用模型的方式可以将其简单表示为六元组，如式（5-1）所示。

$$KF = <KS, PR, OL, M, R, f> \tag{5-1}$$

其中，KF 表示知识融合系统，$KS = \{KS_1, KS_2, \cdots, KS_n\}$，表示的是知识源集合，PR 表示实际问题需求，OL 表示知识对象构成的本体库，M 为量度指标，R 为匹配约束集合，f 为知识融合过程。知识融合的实际求解目标是在解空间中搜索一个知识对象或者是知识对象的集合，要求目标与实际问题求解需求之间需要有较高的匹配度，表示为：定义 KS^* 表示知识源集合 KS 中各个元素所对应的知识对象，即 $KS^* \xrightarrow{OL} KS$，目标就是搜索 $KO \in \{KS^* \cup f(KS^*)\}$ 或者是 $\{KO\} \in \{KS^* \cup f(KS^*)\}$，使得 $\forall r_i \in R, \parallel M(KO, PS), r_i \parallel \leqslant t_i$ 或者是 $\exists r_i \in R$, $\parallel M(KO, PS), r_i \parallel \leqslant t_i$。前者是全局最优的匹配知识，后者是满足特定条件的可选知识。实际中 $\{KO\}$ 的规模是很难确定的，系统框架中考虑解知识空间，则要求解知识空间能够根据实际知识内涵关联关系进行演化，主动进行知识融合。

三、知识融合算法

对于两个简单的知识元素 KS_1 和 KS_2，在它们各自所在的知识领域并无其他联系，当应用到某一个实际问题 PR 时，对于它们"合成"新元素 $f(KS_1, KS_2)$ 确是一种有效的解知识，则我们可以把规范化表示后的 $f(KS_1, KS_2)$ 作为一个融合结果加入到原有的知识库中，同时通过本体概念约束对 KS_1 和 KS_2 进行适当的更新处理，其中 f 的实现过程就是知识融合算法的设计过程[①]。简单地，知识融合算法的目标就是要通过某种可流程化实现过程，把已有的知识元素按照相关的约定规则进行合理的比较、合并和融合处理，进而产生新的可用知识对象内容，同时对原有的知识元素进行优化处理。

设计理想的知识融合算法，需要考虑三个方面的问题，即知识结构的差异性、知识扩展的开放性、知识更新的随机性。

---

① 郭强，关欣，曹昕莹，等 . 知识融合理论研究发展与展望 . 中国电子科学研究院学报，2012，7（3）：252-257.

（1）知识结构的差异性。从算法结构上不难理解，当知识元素的表示结构存在差异性时，算法很难直接进行处理，要求输入的数据集合是规范的、可处理的。本书为解决这一问题，通过引入本体论和知识元的方法消除民族教育信息资源的异构差异性，把知识元素统一为对象化的表示处理，使得融合处理过程能够有效进行集中融合运算。

（2）知识扩展的开放性。由于知识融合的结果并不是唯一的，所以知识元素间具有扩展开放性特点，指知识元素之间的结合可能是两个对象之间，也可能是多个对象之间，这将导致融合结果的规模相当庞大，甚至融合的结果集中被认为"错误"或者"不完全正确"的知识对象可能在应用过程中被验证为合法的，所以知识扩展的开放性要求在进行知识融合处理的同时，必须考虑对运算后的知识元素规模进行合理的控制。为解决这一问题，需要设定相关的约束条件，同时在知识融合算法中需要设置相关的适应度参数，以此来对知识融合产生的解空间规模进行合理的范围控制。

（3）知识更新的随机性。在知识融合系统框架中，我们需要尽可能地构造各种随机改动操作，根据实际的应用结果反馈来判断改动是否成功，即参数调整。而知识更新的随机性要说明的就是在知识融合处理过程中，知识向什么方向演化是无法预知的，导致实际过程中很难确立具有特定趋势的知识融合算法。知识扩展的开放性很好地控制了知识空间的规模，使得在对庞大的解空间进行搜索时也得到较好的控制，因此，我们在算法的处理上引入了适用的启发式搜索，为搜索结果取到了一个较好的收敛于结果的解。

目前适用较多的知识融合算法主要有基于 Bayes 准则的知识融合算法、基于 D-S（Dempster-Shafer）证据理论的知识融合算法、基于模糊集理论的知识融合算法，三种算法在设计上都是由三部分组成：知识的提取存储、知识融合、融合结果的分析。基于 Bayes 准则的知识融合算法的思想是根据 Bayes 准则将一个多维的决策问题转化为由各个分量的条件概率和先验概率确定的判决问题，最后计算各个分量的后验概率，以此将各分量的决策结果融合成总的决策结果，该方法在具体的应用过程中很难满足相互独立的假定，其实用性较低；基于 D-S证据理论的知识融合算法的思想是通过提取不同观测结果决策的信任函数，根据 Dempster 证据组合规则，把不同观测结果的信任函数进行融合，最后根据实际需求规则对组合后的信任函数进行判断，实现知识融合与决策优化，该方法的运算量随着知识源数的增加呈指数级增长，效率低[①]；基于模糊集理论的知识

---

① 宋建勋，张进，吴钦章．基于 D-S 证据理论的多特征数据融合算法．火力与指挥控制，2010，35（7）：96-98.

融合算法的思想是给定一定的融合函数,将模糊化后的多个位于[0,1]的数值融合,从而产生一个新的位于[0,1]的数值,对于 N 个知识源则根据融合函数 f 进行模糊融合,该方法可以处理不确定和不精确的知识,可以很好地与其他方法进行结合[①],并应用于民族教育信息资源。

第二节　多源异构民族教育信息资源知识融合模型

在本章第一节我们探讨了目前研究领域比较认可的知识融合模型框架,同时讨论了知识元在知识表示方面的相关理论,结合多源异构民族教育信息资源知识的组织形式,这里给出了如图 5-5 所示的知识融合模型,该知识融合模型主要分为三个模块,即知识库的构建、知识元库生成、知识融合。

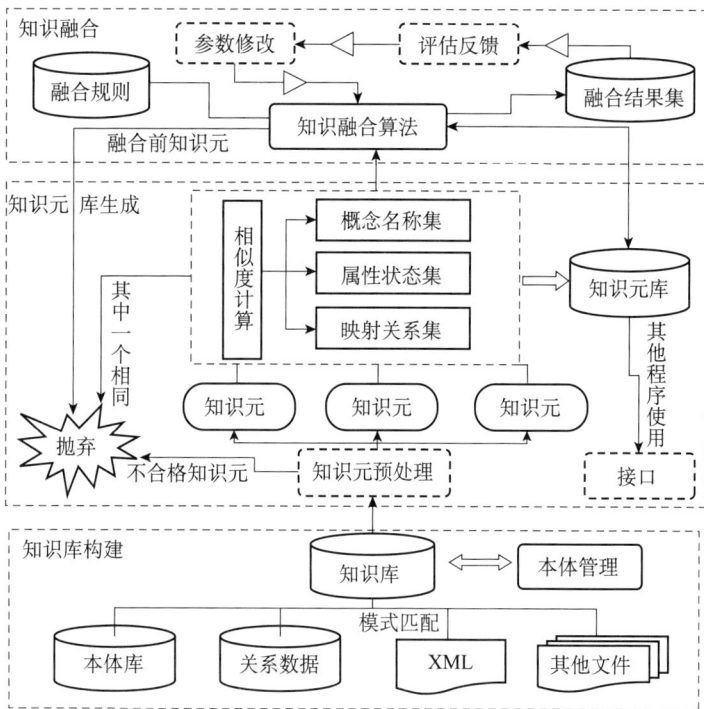

图 5-5　知识融合模型

①　周芳,刘玉战,韩立岩.基于模糊集理论的知识融合方法研究.北京理工大学学报,2013,15(3):67-72.

关于知识库的构建，在第四章已经作了详细的说明，包括知识库的构建和本体管理。该模块首先对多源异构的数据源进行结构层次上的融合，通过采用本体论的相关技术消除多源异构数据的语法和语义分歧，为知识融合模型提供统一的数据结构，是知识融合模型的数据基础层。

知识元库生成是知识融合模型的核心部分，即知识元的集合。模型中通过将知识库转化成知识元集合来对知识元素进行统一表示，同时加入了知识元相似度计算，这样优化的知识元库从知识元本质上进行了深层次的融合，为下一步的知识融合算法提供了一个初始的知识元库。该模块的处理流程是：首先从第一模块得到的知识库中经过知识元的预处理生成知识元，同时通过知识元的预处理判断是否符合基本的知识元定义标准，不合格的将会被抛弃，合格的将与知识元库中的知识元进行相似度计算，若存在与该知识元相同的知识元，则会被抛弃，若完全不同则将知识元加入到知识元库中，若该知识元与知识元库中的知识元具有相似性，则采取合适的知识融合算法（这里具体为知识元融合规则）对知识元进行融合计算，将得到的结果入库，而原来不完善的知识元将会被抛弃。这样得到的知识元库保证了下一步知识融合过程的有效性和一致性，同时，为其他研究领域提供了数据基础。

知识融合模块主要是根据用户的实际需求，选取合适的知识融合算法，从得到的知识元库中产生面向求解问题的新的求解知识，设计的融合算法根据用户的实际需求进行参数修改来完善，最终为用户提供满意的融合结果集。知识融合模型中涉及了两次知识融合，第一次是对知识元的融合，这里具体指的是知识元融合规则，第二次是根据用户需求选取合适的知识融合算法进行知识融合，我们基于遗传算法理论设计了适用于用户需求的知识融合算法，将在第四节进行详细描述和讨论。

第三节　知识元库生成

从知识元相关理论知道，知识元是根据用户求解需求将研究对象进行抽象建模，按照模型进行知识外化形成的具有自描述的、完整的知识单元。基于知识元相关理论，本小节讨论了适用于前面提出的知识融合模型的知识元库生成方法，主要从四个角度进行探讨，即知识元生成、知识元预处理、知识元相似度计算及知识元融合规则与算法。

一、知识元生成[①]

知识元生成建立在知识库基础之上，这就需要了解知识元的形式化表示方法。知识元被表示为三元组形式，即 $K_m = (N_{ml}, A_m, R_m)$，而我们的知识库是基于 RDF 数据模型和 OWL 构建的，这就要求我们先要描述出适用于 RDF 和本体的知识元形式化表示，然后再对其解析构造，从而完成知识元的生成过程，所以知识元生成需要三个步骤，以下分别对其进行介绍。

（一）面向 RDF 和本体的知识元形式化表示

前面讨论了 RDF 资源描述框架把资源定义为三元组｛主语、谓语、宾语｝，它被称为是一种陈述。从语法层次角度考虑，知识元形式化表示是指对本体实例数据进行分解，从而建立以三元组中主语（资源对象）为基本单元的三元组集合，该三元组集合形成了一个子 RDF 图，在第三章我们也讨论了 RDF 图使用 XML 语法的形式化表示。从知识元融合的角度考虑，找到一种较为简便的知识表达方式较为关键，因此我们在语法层次基础上进行抽象，建立了适用于知识元融合的知识元形式化表示。假定知识元为 K，有

$$K = \{(P_1, O_1), (P_2, O_2), \cdots, (P_n, O_n)\} \tag{5-2}$$

其中，P_i 表示知识元的一个属性特征，而 O_i 表示 P_i 的值，该知识元形式化表示更加适合知识元融合的输入。在本体的支持下，通过融合算法规则，从而得到一个新的知识元。这种知识元形式化表示仅仅表达了知识对象的内部具体结构，没有涉及两个知识对象之间的相互关系，然而本体能很好地给出一个知识模型来定义知识对象之间的关系，所以在知识融合时只需要与本体交互就能得到这些关系。

（二）三元组解析

在知识融合框架中，要构造知识元，首先需要对知识库中的本体实例进行解析，返回构建知识元所需的三元组集合，基于语义 Web 框架 Jena 提供的接口和方法，给出具体实现过程，如下所示。

```
public StmtIterator getTriple(String filename){
```

① 梁艳琪. 基于关联数据的知识创造中知识融合研究. 武汉：华中师范大学硕士学位论文，2013.

```
                //建立 RDF 模型
OntModel m = ModelFactory. createOntologyModel();
//读取 RDF 数据
m. read(filename);
//获得所有的三元组迭代器
StmtIterator statements = m. listStatements();
return statements;
}
```

（三）生成知识元

该过程建立在三元组解析的基础上，通过分析每个三元组，从而获得知识元融合层次上知识元形式化表示，其具体实现过程如下所示。

```
public Map getKnowledgeElement(StmtIterator statements){
Map<Resource, List<KnowledgeElementSlot>>knowledgeElements = newLinkedHashMap
<Resource, List<KnowledgeElementSlot>>();
while(statements. hasNext){
Statement s = statements. next();
//获得三元组的主语、谓语、宾语
Resource subject = s. getSubject();
Resource predicate = s. getPredicate();
RDFNode object = s. getObject();
//如果知识元集合中没有该知识元,则添加知识元
if(knowledgeElements. containsKey(subject) = = false){
//构造知识元槽(一组(属性、属性值)值的集合)
KnowledgeElementSlot slot = new KnowledgeElementSlot(predicate, object);
List<KnowledgeElementSlot> slots = new LinkedList<KnowledgeElementSlot>();
slots. add(slot);
knowledgeElements. put(subject, slots);
}
//如果知识元集合中有该知识元,则更新该知识元的知识元槽
else{
List<KnowledgeElementSlot>newSlots = new LinkedList<KnowledgeElementSlot>();
//得到知识元槽
List<KnowledgeElementSlot> slots = knowledgeElements. get(subject);
```

```
for(int i = 0;i<slots. size();i + +){
KnowledgeElementSlot slot = slots. get(i);
//如果不包含,则添加知识元槽
if(slot. equal(predicate,object) = = false){
KnowledgeElementSlotnewSlot = new KnowledgeElementSlot(predicate,object);
newSlots. add(newSlot);
}}
slots. addAll(newSlots);
}}
return knowledgeElements;
}
```

二、知识元预处理

上述知识元的生成方法中，理论上并没有严格按照知识元共性模型形式化定义对知识元进行生成，这将会产生不符合共性模型定义的概念、属性、关系约束的知识元。这些知识元可能是不完整的或者无效的，我们把这些不完整的知识元或者无效的知识元统称为"噪声知识元"。知识元预处理要做的就是严格按照知识元共性模型对产生的知识元进行处理，去除"噪声知识元"，从而保证知识元库中的知识元是有效的和完整的。

（一）知识元预处理规则

在对知识元预处理过程中，需要制定一些规则来去除"噪声知识元"，在知识元共性模型中知识元被表示为三元组 $K_m = (N_{m1}, A_{m1}, R_{m1})$，针对知识元的有效性和一致性进行判断，目的是检查知识元三元组及每个元素引申出的知识元是否满足其定义的属性约束。

规则 1：若 $\forall N_m = \varphi$ or $\forall A_m = \varphi$ or $\forall R_m = \varphi$，则定义为不完整知识元，需要将知识元作抛弃处理或者定义完整。

规则 2：对于属性状态集 A_m，其抽象出的特征一般是可描述的，有 $p_a > 0$，测度量纲集为 $d_a \neq \varphi$，属性状态变化函数 f_a 可能为空；否则，定义知识元 K_a 无效，需要作抛弃处理或者定义完整。

规则 3：对于映射关系知识元 $K_a = (p_a, A_a^1, A_a^0, f_a)$，若存在 $p_a = \varphi$ or $A_a^1 = \varphi$ or $A_a^0 = \varphi$ or $f_a = 0$，表示该知识元不完整，需要作抛弃处理或者定

义完整。

规则 4：如表 5-1 所示，实际中的 d_a、f_a 需要与 p_a 的取值相匹配，若 d_a、f_a 与 p_a 取值不匹配，表示映射关系知识元 K_a 无效，需要作抛弃处理或者定义完整。

表 5-1　d_a、f_a 与 p_a 取值匹配关系表

p_a	取值意义	d_a	f_a
1	表示属性状态为常规可测量	定义为单位量纲	$A_t = f_a(A_{t-1}, t)$ or null
2	表示属性状态为随机可测量	定义为概率分布函数	$A_t = f_a(A_{t-1}, t)$ or null
3	表示属性状态为模糊可测量	定义为隶属度	$A_t = f_a(A_{t-1}, t)$ or null
…	…	…	…

规则 5：如表 5-2 所示，实际中的属性测度量纲知识元 $K_d = (n_d, u_d, f_d)$，n_d、u_d、f_d 之间的取值相匹配，若不匹配，则属性测度量纲知识元 K_d 无效，需要作抛弃处理或者定义完整。

表 5-2　n_d、u_d、f_d 取值匹配关系表

n_d	u_d	f_d
距离	mm、cm、m、km…	1km=1000m；1m=100cm；1cm=10mm …
重量	g、kg、t…	1t=1000kg；1kg=1000g…
…	…	…

通过定义以上一些规则，对知识元进行预处理，抛弃掉不完整的知识元，确保了知识元的有效性和一致性，该过程的处理在知识融合框架中起到重要作用。

（二）知识元预处理算法

根据以上知识元预处理规则，设计知识元预处理算法（Pre-processing Algorithm，PA）思路描述如下。

PA

步骤 1：输入产生的知识元 K_m，分别获取三元组 N_m、A_m、R_m。

步骤 2：检测 N_m，A_m 中的 p_a、d_a，R_m 中的 A_a^1、A_a^0、f_a 是否为空。

步骤 3：若步骤 2 存在空集，则重新定义或者抛弃知识元 K_m，转步骤 1，否则进入步骤 4。

步骤 4：检测（p_a、d_a、f_a）、（n_d、u_d、f_d）是否和定义的规范相匹配，若和定义的规范相匹配转入步骤 5，否则，需重新定义或者抛弃知识元 K_m，转入步骤 1。

步骤 5：输出知识元 K_m。

算法中需要将属性知识元三元组与对应关系表进行匹配比较，也需要和属性量纲知识元三元组进行匹配比较，这将导致算法的时间复杂度较高，关系表越完善，预处理后得到的知识元就越准确。

三、知识元相似度计算

对于知识元相似度的计算，就是设置相应的计算权重，分别计算概念名称集相似度、属性状态集相似度、映射关系集相似度，三者综合相似度即为知识元相似度，这里我们设置 $w_{N_m} = w_{A_m} = w_{R_m} = 0.33$。下面分别对三者作算法介绍。

（一）概念名称集相似度

结合式（5-1），设计概念名称集相似度算法 $\mathrm{Sim}_{N_m}(m_i, m_j)$ 如下。

算法 $\mathrm{Sim}_{N_m}(m_i, m_j)$

步骤 1：输入两个知识元 N_{m_i}、N_{m_j}。

步骤 2：输入查询同一词表 S、设置临界阈值 $u_{N_m} = 0.75$。

步骤 3：检测知识元 N_{m_i}、N_{m_j} 属性名称集是否在查询同一词表 S 中，若存在，表示 $\mathrm{Sim}_{N_m}(m_i, m_j) = 1 > u_{N_m}$，转入步骤 5，若不存在转入步骤 4。

步骤 4：检测 $\mathrm{Sim}_{N_m}(m_i, m_j)$ 与设置的临界阈值 u_{N_m} 的关系，若 $\mathrm{Sim}_{N_m}(m_i, m_j) > u_{N_m}$，转入步骤 5，否则，继续检测其他概念名称集，转入步骤 1。

步骤 5：输出概念名称集相似度 $\mathrm{Sim}_{N_m}(m_i, m_j)$ 的取值。

算法中的临界阈值取 0.75 是根据多次实验结果选取的有利于知识融合计算的取值，算法中步骤 3 是集合的包含运算，需要遍历集合表 S。

（二）属性状态集相似度

式（5-3）给出了完整的计算方法，为了运算简便，假定每个知识元中的属性重要性是相同的。设两个知识元的属性状态集分别为 A_{m_i}、A_{m_j}，A_{m_i} 中有 m 个属性状态元素，A_{m_j} 中有 n 个属性状态元素，假定 $m > n$（不满足交换选取大者），取知识元中属性重要性相同者，则有 $\theta_1 = \theta_2 = \cdots = \theta_m = \dfrac{1}{m}$，选取属性状

态相似度临界阈值 $u_a = 0.8$，则属性状态集相似度 $\mathrm{Sim}_{A_m}(m_i, m_j) = \frac{1}{m}\sum_l^m \mathrm{Sim}_{A_m}(a_{m_i l}, a_{m_j k})$。

$$K_a = \begin{cases} (n_a, p_a, u_a, d_a, f_a), p_a > 1 \\ (n_a, p_a, u_a), p_a = 1, \forall a \in A_m, \forall m \in M \\ \text{不可描述}, p_a = 0 \end{cases} \quad (5\text{-}3)$$

（三）映射关系集相似度

式（5-4）给出了完整的计算方法，为了运算简便，同样考虑每个知识元中映射关系的重要性是相同的。设两个知识元的映射关系集分别是 R_{m_i}、R_{m_j}，R_{m_i} 中有 m 个关系，R_{m_j} 中有 n 个关系，假定 $m < n$（不满足交换选取小者），取知识元映射关系相同，则有 $\varphi_1 = \varphi_2 = \cdots = \varphi_m = \frac{1}{m}$，选取映射关系临界阈值 $u_r = 0.8$，则有映射关系集相似度 $\mathrm{Sim}_{R_m}(m_i, m_j) = \frac{1}{m}\sum_l^m \mathrm{Sim}_{R_m}(a_{m_i l}, a_{m_j k})$。

$$K_d = (n_d, u_d, f_d) \quad (5\text{-}4)$$

根据以上对概念名称集相似度、属性状态集相似度、映射关系集相似度三者的计算分析，我们将对相似度较高的知识元按照一定的条件模型进行融合，于是给出知识元之间的相关性定义如下。

定义：知识元相关性

给定相似度阈值 δ，判断两个知识元间的相似程度满足以下三种情况：

（1）若 $\mathrm{Sim}(m_i, m_j) = 1$，表示两个知识元 K_{m_i}、K_{m_j} 为相同知识元。

（2）若 $\mathrm{Sim}(m_i, m_j) < \delta$，表示两个知识元 K_{m_i}、K_{m_j} 为低相似度知识元。

（3）若 $\delta \leqslant \mathrm{Sim}(m_i, m_j) < 1$，表示两个知识元 K_{m_i}、K_{m_j} 为高相似度知识元。

四、知识元融合规则与算法

（一）知识元融合规则

上述对"知识元相关性"的定义给出了如何判断两个知识元之间相似性的方法，根据知识元间相似度计算结果的不同，采取的知识元融合方法也不同，对于知识元 K_{m_i} 和 K_{m_j}，存在两种情况，下面分别讨论不同情况下的知识元融合规则。

1. 若知识元 K_{m_i} 和 K_{m_j} 已储备在知识元库中

融合规则 1：如果知识元 K_{m_i} 和 K_{m_j} 为相同知识元，则删除知识元 K_{m_j}。

融合规则 2：如果知识元 K_{m_i} 和 K_{m_j} 为低相似度知识元，则不操作。

融合规则 3：如果知识元 K_{m_i} 和 K_{m_j} 为高相似度知识元，则需要对 K_{m_i}、K_{m_j} 进行融合处理，对得到的融合结果 $K_{m(i+j)}$ 做如下操作：首先使 $K_{m_i} = K_{m(i+j)}$，然后删除 K_{m_j}。

2. 若知识元 K_{m_j} 即将入库，需要与知识元库中的知识元 K_{m_i} 进行融合

融合规则 4：如果知识元 K_{m_i} 和 K_{m_j} 为相同知识元，则 K_{m_j} 不需要入库。

融合规则 5：如果知识元 K_{m_i} 和 K_{m_j} 为低相似度知识元，则 K_{m_j} 入库。

融合规则 6：如果知识元 K_{m_i} 和 K_{m_j} 为高相似度知识元，则需要对 K_{m_i}、K_{m_j} 进行融合处理，对得到的融合结果 $K_{m(i+j)}$ 做如下操作：首先使 $K_{m_i} = K_{m(i+j)}$，然后 K_{m_j} 做不入库处理。

（二）知识元融合算法

基于上述给出的融合规则及知识元共性模型的定义 $K_m = (N_m, A_m, R_m)$，我们分别讨论了概念名称集的融合、属性状态集的融合、映射关系集的融合，最后结合三者给出了知识元融合算法。

1. 概念名称集 N_m 融合

根据我们上述讨论的相似度计算结果，若两个知识元是高相似度知识元，则概念名称集的融合就是对知识元的概念名称集进行融合，其融合算法如下。

算法 Fusion-N_m

步骤 1：分别输入两个知识元 K_{m_i}、K_{m_j} 的概念名称集 N_{m_i}、N_{m_j}。

步骤 2：根据索引依次对 N_{m_i}、N_{m_j} 进行搜索。

步骤 3：$N_{m(i+j)} = N_{m_i} \bigcup N_{m_j}$ and until end。

步骤 4：输出融合后的知识元 $K_{m(i+j)}$ 的概念名称集 $N_{m(i+j)}$。

概念名称集融合主要表现为步骤 3，取两个概念名称集的并集，这样做的意义是为了丰富概念名称的同义词词库。

2. 属性状态集 A_m 融合

若两个知识元为高相似度知识元，我们需要对属性状态集进行融合，其融

合算法如下。

算法 Fusion-A_m

步骤 1：分别输入两个知识元 K_{m_i}、K_{m_j} 的属性状态集 A_{m_i}、A_{m_j}，m 和 n 分别是 A_{m_i} 和 A_{m_j} 的属性状态元素个数。

步骤 2：根据索引依次对 A_{m_i}、A_{m_j} 进行搜索。

步骤 3：FOR $a \in A_{m_i}$ And $i < m+1$ DO

步骤 4：If $\text{Sim}_a(a_{m_i l}, a_{m_j k}) > u_{k_a}$ DO

$$\{$$

If $p_a = 1$ DO $n_{an_i(l+k)} = n_{an_i l} \bigcup n_{an_j k}$ And $u_{an_i(l+k)} = u_{an_i l} \bigcup u_{an_j k}$

Else If $p_a > 1$ DO

$\{ n_{an_i(l+k)} = n_{an_i l} \bigcup n_{an_j k}$ And $p_{an_i(l+k)} = p_{an_i l} \bigcup p_{an_j k}$ and

$n_{dn_i(l+k)} = n_{dn_i l} \bigcup n_{dn_j k}$ And $u_{dn_i(l+k)} = u_{dn_i l} \bigcup u_{dn_j k}$ and

$f_{an_i(l+k)} = f_{an_i l} \bigcup f_{an_j k}$

$$\}$$

$$\}$$

步骤 5：Else DO $a_{m_i l} \in A_{m(i+j)}$，$a_{m_j k} \in A_{m(i+j)}$

算法的主要思路是：两个知识元属性状态集融合的核心就是对每条属性进行融合，表现为步骤 4。若两个知识元为高相似度知识元，则分别对测度属性名称集 n_a、特征描述集 p_a、测度类型名 n_d、量纲单位 u_d、属性实变函数 f_a 作并集运算；若为低相似度知识元，则将两条属性分别作为新知识元的属性状态集，如步骤 5 所示。

3. 映射关系集 R_m 融合

若两个知识元为高相似度知识元，我们需要对映射关系集进行融合，其融合算法如下。

算法 Fusion-R_m

步骤 1：分别输入两个知识元 K_{m_i}、K_{m_j} 的映射关系集 R_{m_i}、R_{m_j}，m 和 n 分别是 R_{m_i} 和 R_{m_j} 的属性状态元素个数。

步骤 2：根据索引依次对 R_{m_i}、R_{m_j} 进行搜索。

步骤 3：FOR $a \in R_{m_i}$ And $i < m+1$ DO

步骤 4：If $\text{Sim}_r(r_{m_i l}, r_{m_j k}) > u_r$ DO

Merge $r_{m_i l}$、$r_{m_j k}$ Or Choose（$r_{m_i l}$ or $r_{m_j k}$）And Delete（$r_{m_i l}$ or $r_{m_j k}$）

步骤 5：Else DO $r_{m_i l} \in R_{m(i+j)}$，$r_{m_j k} \in R_{m(i+j)}$

算法的主要思路是：如步骤 4 所示，若两个映射关系相似度较高，则根据经验把两条关系融合为一条，或者是选择其中之一；否则，直接将映射关系加入到新知识元的映射关系集中，如步骤 5 所示。

上述分别讨论了知识元概念名称集的融合算法、属性状态集的融合算法、映射关系集的融合算法，下面给出综合后的知识元融合算法。

算法 Fusion-K_m

步骤 1：分别输入知识元 $K_{m_i} = (N_{m_i}, A_{m_i}, R_{m_i})$、$K_{m_j} = (N_{m_j}, A_{m_j}, R_{m_j})$。

步骤 2：输入变量 u_{N_m}、u_{K_m}。

步骤 3：根据索引依次对 N_{m_i}、N_{m_j} 进行搜索。

步骤 4：计算 $\mathrm{Sim}_{N_m}(m_i, m_j)$ 的值

$\qquad$ If $\mathrm{Sim}_{N_m}(m_i, m_j) \leqslant u_{N_m}$ Go to the end

$\qquad$ Else 分别计算 $\mathrm{Sim}_{A_m}(m_i, m_j)$、$\mathrm{Sim}_{R_m}(m_i, m_j)$、$\mathrm{Sim}_{K_m}(m_i, m_j)$

步骤 5：If $\mathrm{Sim}_{K_m}(m_i, m_j) = 1$ Call   融合规则 1 或者融合规则 4

$\qquad$ Else If $\mathrm{Sim}_{K_m}(m_i, m_j) \leqslant u_{K_m}$ Call 融合规则 2 或者融合规则 5

$\qquad$ Else IF $\mathrm{Sim}_{K_m}(m_i, m_j) > u_{K_m}$

CALL 算法 Fusion-N_m、Fusion-A_m、Fusion-R_m

本小节讨论了知识元融合规则和算法，算法 Fusion-K_m 描述了如何实现两个知识元的融合，最后把融合后的结果加入到知识元库中。该过程从知识元理论角度实现了知识元的融合，保证了知识元库中的知识元是有效的和完整的。下面将讨论基于上述建立的知识元库，如何设计合理的知识融合算法为用户提供实际需求。

第四节　基于遗传算法的知识融合算法

设计合理的知识融合算法，目的是将已有的知识元素按照合理的规则进行比较、合并和协调，产生新的可用知识对象提供给用户，同时更新原有的知识元素对象。对于两个知识对象 A、B，根据用户的实际需求，发现 f（A，B）是一个有效的解知识，同时 f（A，B）作为一个融合结果能很好地加入到知识元库中，其中 f 的实现过程就是知识融合算法的设计过程。我们在遗传算法理论基础上，设计了基于遗传算法的知识融合算法。

一、遗传算法描述

遗传算法（Genetic Algorithm，GA）是由 Holland 提出的，主要被用于求取最优搜索目标。遗传算法把搜索过程描述为个体之间的生存进化模型，在一定条件下个体经过遗传、交叉、变异之后会收敛到预期目标（新）个体，所得到的结果就是搜索的最优解或满意解。遗传算法的主要思想是：在初始的种群选取下按照适者生存和优胜劣汰的原理，逐步演化产生出越来越好的近似解，在每一代根据问题中的适应度大小挑选个体，并借助自然遗传学的遗传算子进行组合交叉和变异，产生出新的解集种群[①]。遗传算法主要有五个步骤：对参数进行编码；初始化种群；设置合理的适应度函数；设计遗传、交叉、变异操作；对控制参数进行校正设置。

遗传算法应用较为广泛，在人工智能和知识学习方面的研究应用较多，如 C. Z. Janikow[②] 在遗传算法理论的基础上设计了学习规则系统，国内学者陆汝钤[③]把遗传算法应用于知识库，构造了知识库自学习遗传算法框架，其演化后的遗传融合算法（Genetic Fusion Algorithm，GFA）描述如下。

步骤 1：建立初始化知识库。

步骤 2：对每个知识单元 ω 计算其外界环境适应度 $f(\omega)$，若 ω 是规则，则把 $f(\omega)$ 称为规则强度。

步骤 3：根据所计算的 $f(\omega)$ 计算被选中作为演变物种的概率值。

步骤 4：根据概率值选出一批知识单元 ω，记作种群 A。

步骤 5：将各种遗传算子作用于种群 A，从而可产生一批新的知识单元，记作后代种群 B。

步骤 6：以后代种群 B 替代原有知识库中适应度低的那些知识单元，从而实现知识的更新。

步骤 7：将新知识作用于外界环境去解决新的问题，获取新的反馈信息重新计算 $f(\omega)$，转步骤 3。

该算法框架不同于经典遗传算法，它不仅需建立知识模型，还需在具体背

① 张景强. 基于知识融合的协同技术服务研究. 沈阳：东北大学硕士学位论文，2009.

② Janikow C Z. A genetic algorithm for learning fuzzy controllers//Proc. of the ACM Symposium on Applied Computing. Phoenix，1994：232-236.

③ 陆汝钤. 人工智能（上册）. 北京：科学出版社，1996.

景需求下将知识模型表达为可便于遗传算法操作的数学模型，大大扩大了遗传算法在知识学习方面的应用领域。我们基于 GFA 思想设计了基于遗传算法的知识融合算法（Knowledge Fusion Algorithm，KFA），并对其进行了讨论。

二、知识融合算法描述

根据 GFA 的思想，基于遗传算法的知识融合算法的实现如下所示。

步骤 1：初始化种群，给定知识元库。

步骤 2：结合知识元本体匹配和知识元之间的相似度，计算种群个体（知识元）的适应度。

步骤 3：给定阈值，判断种群适应度是否小于阈值，如果大于则表示迭代过程超出，如果没有超出则依次做下面的迭代操作。

步骤 3.1：根据个体适应度计算个体作为物种演变的概率。

步骤 3.2：根据计算的概率值选出一群个体。

步骤 3.3：对选出的个体作遗传算子操作，包括选择、交叉、变异，从而可以产生一批新的个体（后代）。

步骤 3.4：更新知识元，即用产生的个体替代原来种群中适应度低的个体。

步骤 3.5：把新知识元作用于外界从而获取问题的反馈信息，重新计算适应度。

这里我们将知识元库中第 m 个知识元集记作 K_m，其中第 i 个知识对象的概念名称记作 S_m^i，S_m^i 所对应的属性记为 P_m^i，属性 P_m^i 所对应的值记作 O_m^i，则第 m 个知识元集 $K_m = \{(S_m^1, P_m^1, O_m^1), (S_m^2, P_m^2, O_m^2), \cdots, (S_m^n, P_m^n, O_m^n)\}$，同时我们把融合过程中的适应度函数记为 F_x，实际的 F_x 就是融合时选取的阈值，记 $\overline{F_x}$ 为不可进行融合时的阈值，令参数 r 为初始化种群数目，其中 p_c 和 p_m 分别表示交叉概率和变异概率。下面将详细介绍步骤 3 中遗传算子（选择、交叉、变异）作用于知识融合的过程。

（一）初始化群体

给定一个知识群体 $K_n = (S_m^1, S_m^2, \cdots, S_m^n)$，从中随机选取 r 个知识元构成一个初始化参数群体 $H = (S_m^1, S_m^2, \cdots, S_m^r)$。特别地，在对第 $i(1 \leqslant i \leqslant r)$ 个体位串进行遗传算子操作时，需要遵循适应度公式 $F_x(S_m^i) < \overline{F_x}$，只有满足 $F_x(S_m^i) < \overline{F_x}$ 才能进行遗传操作，所以对于 H 中的每一个 S，都需要计算其适

应度值 $F_x(S)$ 。

（二）选择操作

当满足条件 $F_x(S_m^i) < \overline{F_x}$ 时，我们可以对初始化群体进行选择操作，目前选择算子常用的有适应度比例方法、随机遍历抽样法、局部选择法，结合实际情况本书采用精英选择策略，其主要思想是：每次从群体中取出一定数量的个体，选择其中最好的一个个体进入下一代群体，随机替代或者替代最差的下一代群体中相应数量的个体位串，直到新的群体规模达到原来的群体规模为止。采用精英选择策略还有一个好处是它能保证群体有效地收敛到优化问题的最优解。

（三）交叉操作

交叉算子常用的有单点交叉、两点交叉、均匀交叉等，为了运算方便，本书采用单点交叉方式，具体操作就是在个体位串中随机设定一个交叉点，交叉时把该点前或后两个个体部分结构进行交换，并生成两个个体，但需避免的是，选取交叉点时不要选取首元素作为交叉点，例如：

个体 A：1 0 0 1 ↑ 1 1 1　→ 1 0 0 1 0 0 0 新个体

个体 B：0 0 1 1 ↑ 0 0 0　→ 0 0 1 1 1 1 1 新个体

上述中设 p_c 为交叉概率，初始化种群数目为 r 个，实际上可以从 H 中选择 $rp_c/2$ 对个体进行交叉操作，对于任意一对位串个体 $\{S_m^i, S_m^j\}$，当 S_m^i 与 S_m^j 的交集不为空时，使用交叉算子将新产生的两个后代个体加入到下一代 H^* 中。

（四）变异操作

给定变异概率 p_m，从产生的新一代群体 H^* 中随机反转某位等位基因二进制字符来实现遗传变异，若给定染色体位串 $S_m^i = a_1, a_2, \cdots, a_L$，则变异操作如下

$$S_m^i = \begin{cases} 1-a_i, (x_i \leqslant p_m) \\ a_i, (x_i > p_m) \end{cases}, i \in \{1, 2, \cdots, L\} \tag{5-5}$$

其中，x_i 是对应于每一基因位产生的均匀随机变量，有 $x_i \in [0, 1]$ 。

三、实验分析

基于上述算法设计思想，为了直观表达知识融合算法应用，我们选取了中

国佤族文化相关知识服务为实验对象，表5-3是知识元库中知识元满足用户知识解结构属性和内容属性数目表，每个知识块包含 5 个随机知识元。

表 5-3   最优知识块选取结构

知识块	满足结构属性		满足内容属性		
	1 个数	2 个数	1 个数	2 个数	3 个数
知识块 1	1	1	3	1	4
知识块 2	1	3	1	3	1
知识块 3	3	4	1	4	0
知识块 4	3	2	3	1	4
知识块 5	4	0	4	1	2
期望值	0.5	0.5	0.8	0.8	0.8
问题属性值	2	2	2	2	2

表 5-3 中知识块 2 由于单项结构属性 1 的值不满足约束，从而导致其可用性很低；知识块 3 是非匹配块，由于在整个块内有一个知识元不满足用户要求的内容属性 3 而导致启发性大打折扣；知识块 4 是最优知识块，可得到一个种群，也许其他知识块中可能包含超优个体，但我们需要的是平均状态较为稳定的知识块。

为了讨论算法的收敛性，设置适应度函数 $F_x(S_m^i) = 0.8$，我们选用 De Jong[①] 所提出的一组遗传算法选择参数：初始化种群数目 $r = 50$，交叉概率 $p_c = 0.6$，变异概率 $p_m = 0.001$，该组参数被作为遗传算法中的标准参数而广泛使用，表 5-4 给出了具体问题的求解目标实验结果。

表 5-4   KFA 实验结果

问题属性个数	组数	平均迭代次数	结构匹配	语义匹配
4	6	27	All	4 组
6	6	157	All	All
9	3	2567	All	All

从表 5-4 的实验数据可以看出，KFA 算法效率与问题属性个数有关，问题属性越少，种群中潜在的结构匹配个体就越多，解空间搜索树深度低，加快了问题求解的收敛速度，但是种群中语义匹配个体较少，导致对用户问题求解的完全匹配度降低，即问题求解的知识融合用户满意度降低。对于复杂的问题该算法效率较低，这就需要设计基于种群的智能优化算法，来提高复杂问题的求解效率，本章第五节给出了优化的知识融合算法，并对算法效率进行了比较分析。

---

① De Jong K A. An analysis of the behavior of a class of genetic adaptive systems. Ann Arbor：University of Michigan，Dissertation，1975.

第五节　基于用户需求驱动的知识融合算法

知识融合框架中知识元库生成阶段为用户后期问题需求提供了数据支持，第四节中我们提出的基于遗传算法的知识融合算法在对复杂问题求解时，算法效率较低，对用户提出的问题响应较慢，很大程度上影响了用户体验。因此，我们结合用户需求驱动知识融合方式与种群优化算法的相同之处，以及蚁群优化算法 ACO，提出了基于用户需求驱动的知识融合算法（KFA-ACO）。

一、算法思路

基于用户需求驱动的知识融合算法是一种被动型知识融合，与用户所要求解的问题对象紧密相关，算法中适应度函数需要针对具体应用问题而设定，该算法的本质思想是在解知识空间中以问题求解为约束的搜索算法，对知识对象的演变有一个以问题求解为主的明确导向。

设计算法的前提是需要系统能将问题对象进行规范化，转化为与知识元库中对应的知识元集表示一致的输入方式，用户需求驱动知识融合方式与种群优化算法有相同之处，都是要按照一个明确的优化目标设计相应的启发规则搜索，求取最优解或满意解，并且每次找到的解所包含的知识元集进行融合的结果就对应一个具体的解知识对象。

基于用户需求驱动的知识融合算法需要设置启发式规则和收敛规则，上文中我们讨论的遗传算法表现为条件阈值，即适应度函数，而用户需求驱动型知识融合算法，需要将个体与求解问题对象之间的属性匹配度作为收敛目标，其匹配度可以定义为当前知识元对象与问题求解对象知识元之间的相似度。该算法思路描述如下。

步骤 1：建立知识元与用户求解问题对象之间的匹配机制，初始化启发规则及相关算法参数。

步骤 2：判断当前知识元是否满足收敛条件，不满足则重复以下操作。

步骤 2.1：根据选取的智能优化算法对知识元集合中的知识元个体进行相关操作处理。

步骤 2.2：更新知识元集。

步骤 2.3：更新相关的算法参数。

步骤 3：若算法找到了最优解或满意解，则根据路径进行融合操作，这样得到的结果作为解知识对象提供给用户。

二、KFA-ACO 算法描述

蚁群优化算法是 Colorni 和 Dorigo 等[1][2]意大利学者提出来的，它是根据蚂蚁觅食的活动特征进行模拟的一种种群优化算法，并且是根据蚂蚁在行进过程中产生的信息素浓度变化来判断种群如何更快地找到最优路径。ACO 在实际中通常是和旅行商问题（TSP）结合讨论的，应用于知识融合，同时为了能更好地表述，我们把融合问题进行了重新描述，分步骤如下。

（一）问题描述

对应于 TSP 问题，知识融合目标是在现有的知识元库中寻找一个最小子集，它与所求问题知识元之间的关系是高相似度知识元，这里的最小是指两者之间相似度最大，相当于在融合过程对子集中其他知识对象属性影响小者把这些子集进行融合操作能够得到满足约束条件的新知识个体，城市相对于求解问题的规则属性，即城市 i 和 j（1，2，…，N）之间的路径对应于能够与 i 和 j 对应的属性状态知识元相匹配的已有知识元集，d_{ij} 表示路径长度，相当于在两个属性状态上的匹配度。

（二）计算蚂蚁选择下一节点的概率

设 t 时刻路径 ij 上信息素浓度为 $\tau_{ij}(t)$，记 $N_i^k(t)$ 为 t 时刻蚂蚁位于 i 节点和与 i 路径相连的所有节点的集合，参数 α 和 β 分别表示控制信息素权重和启发式信息选择权重，则蚂蚁在 i 节点处选择 j 节点的概率如下。

$$P_{ij}^k(t) = \begin{cases} \dfrac{\left[\tau_{ij}(t)\right]^\alpha / d_{ij}^\beta}{\sum\limits_{m \in N_i^k(t)} \left(\left[\tau_{im}(t)\right]^\alpha / d_{im}^\beta\right)}, j \in N_i^k(t) \\ 0, j \notin N_i^k(t) \end{cases} \tag{5-6}$$

---

① Colorni A，Dorigo M，Maniezzo V. Distributed optimization by ant colonies//Proceedings of ECAL 91-European Conference on Artificial Life. Paris，1991：134-142.

② Dorigo M，Maniezzo V，Colorni A. The ant system：optimization by a colony of cooperating agents. IEEE Transactions on Systems，Man & Cybernetics B，1996，26（2）：29-41.

（三）计算蚂蚁在节点路径上留下的总信息素

设 $\Delta\tau_{ij}(t)$ 为蚂蚁完成一次遍历找到一个解知识元集时，在节点 i 和 j 之间的路径留下的总信息素，而 $\Delta\tau_{ij}^k(t)$ 表示单只经过该路径的蚂蚁留下的信息素，则有 $\Delta\tau_{ij}(t) = \sum_k \Delta\tau_{ij}^k(t)$ 。$\Delta\tau_{ij}^k(t)$ 的计算公式如下。

$$\Delta\tau_{ij}^k(t) = \begin{cases} Q/L_k, if(i,j) \in S_k(t) \\ 0, if(i,j) \notin S_k(t) \end{cases} \tag{5-7}$$

其中，Q 为常量，L_k 表示蚂蚁 k 在本轮所走路径长度，也就是当前解知识元集的总相似度；$S_k(t)$ 为蚂蚁 k 本轮经过的路径，也就是解知识元集的子集。

（四）更新信息素浓度 $\tau_{ij}(t)$

$$\tau_{ij}(t) = (1-\rho)\tau_{ij}(t) + \Delta\tau_{ij}(t) \tag{5-8}$$

其中，$\rho \in (0,1)$，为信息素挥发系数。

基于上述分析讨论，在蚁群优化算法的基础上，用户需求驱动的知识融合算法程序实现伪代码如下。

步骤 1：建立知识元与用户求解问题对象之间的匹配机制，初始化启发规则及信息素。

步骤 2：判断当前知识元集是否满足终止条件，若不满足重复下面的操作。

步骤 2.1：对蚂蚁进行初始化操作。

步骤 2.2：循环操作，对每一只蚂蚁重复按下面的步骤寻找解路径。

步骤 2.2.1：计算蚂蚁选择下一节点的概率 $p_{ij}^k(t)$，依照概率随机走向下一属性节点。

步骤 2.2.2：更新当前段信息素。

步骤 2.3：把步骤 2.2 得到的结果，即找到的路径加入到解知识空间中。

步骤 2.4：更新信息素 $\tau_{ij}(t)$ 。

步骤 3：若找到最优解或满意解，则把相应路径上对应的融合结果作为解知识集提供给用户。

三、实验分析

实际算法实现中，需要考虑到知识元与用户求解问题对象之间的匹配度，对那些匹配度为 0 的知识元个体在算法执行中并未被处理，我们事先就对其进行了筛选，仅保留与实际问题相关的知识元集合，初始化蚂蚁数量为实际用户需求问题属性规模数，表5-5是蚂蚁每一轮次搜索到的完整路径子集匹配度实验结果。

表5-5   蚂蚁每一轮次搜索到的完整路径子集匹配度

用户需求问题属性规模	最高匹配度	最低匹配度
15	0.61	0.56
20	0.47	0.43
25	0.27	0.24

由于 KFA-ACO 算法主要在于寻找用户提出的解知识对象子集，所以算法效率不需要过多要求，同时通过表5-5可知 KFA-ACO 算法能为用户需求问题提供多个融合方案，为了更进一步考察 KFA-ACO 算法迭代次数与问题平均匹配度之间的关系，选取用户需求问题属性规模22，得到如图5-6所示的结果。

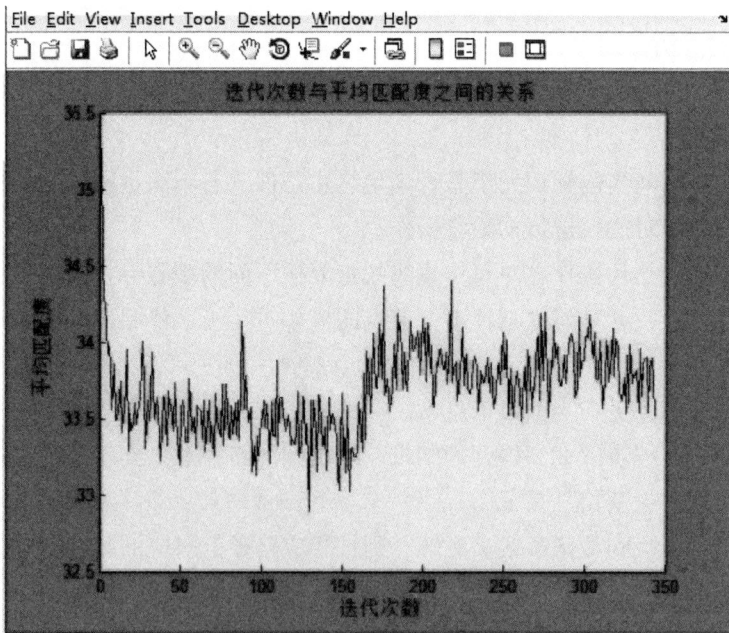

图 5-6   算法迭代次数与问题平均匹配度之间的关系

从图5-6可以看出，算法随着迭代次数的增加，平均匹配度有增大的趋势，但是这种趋势随着迭代次数的增加而逐渐减弱，并且变化幅度趋于平缓，效果较好。

第六节 本章小结

　　本章提出了多源异构民族教育信息资源知识融合模型，并对知识融合模型的每一个过程进行了详细探讨，特别是对知识元库的生成过程，包括知识元相似度计算、知识元融合规则与算法等。同时，基于遗传算法，提出了适用于知识融合的算法（KFA），并在智能优化算法及蚁群优化算法的基础上，提出了基于用户需求驱动的知识融合算法（KFA-ACO），为民族教育信息资源知识融合提供了合适的方法。

第 二 篇

民族教育信息资源服务

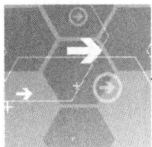

第六章

语义检索与知识服务概述

　　知识服务是从各种各样的知识资源中按学习者的需要对知识进行有针对性的提炼，并解决用户需求问题的一种信息服务。知识服务是一种面向知识内容和解决方案的服务，主要以互联网上的信息进行搜索查询为基础，提供有用的信息和知识给用户①。本书所说的知识服务主要以基于领域本体的语义检索为主。

　　目前网络上常见的检索技术实现方式主要有两种：一种是通过分类的方法来描述信息资源，从而实现检索；另一种是全文检索，查找文档中是否含有用户需要检索的词语②。以上两种方式就是常见的分类检索和全文检索。分类检索的前提是必须有相关知识人员预先进行人工处理，把相关的资源进行完整的分类，因而检索的准确率也比较高，这种检索适用于网络信息资源的浏览和导航。全文检索的实现较为方便，对于网络上的大量信息，用全文检索的方式来进行检索可以减少很多人力和物力。但是利用全文检索的方式来检索时面临着结果过多、检索准确率较低和结果排序不准确等问题。本章主要介绍语义检索与知识服务相关基础，如语义检索相似度与相关度及其计算方法、基于概念相似度与相关度的查询、基于本体的查询与检索等。

第一节　语义检索

一、语义检索概念

　　在传统方法中，检索是利用用户输入的关键词和文档进行匹配，从而检索

　　① 百度百科知识服务 . http：//baike. baidu. com/view/1878908. htm［2014-12-18］.
　　② 黄敏，赖茂生 . 语义检索研究综述 . 图书情报工作，2008，(6)：63-66.

出相应的结果。语义检索技术主要是利用概念匹配来进行检索，把传统方法中用户输入和文档中的关键词替换为含有语义的概念，从而把关键词级别的检索提升到概念级别的检索，并利用同义字典和近义字典对概念的语义进行补充。利用这种方式可以去除无意义关键词的干扰，对有意义关键词的语义提取起到积极作用，还有一些语义检索的研究考虑到概念和概念之间的关系，利用概念的层次结构等刻画两个概念之间的相似度和相关度，这种方式相对于传统的关键词检索，检索准确率有较大提升。

计算概念的语义相似度和语义相关度是基于本体的语义检索的重要部分。基于本体的查询扩展的重要工作是进行语义推理，语义推理包括四个方面：同义扩展、语义蕴含、外延扩展和语义相关联想。为了提高检索的查全率和查准率，进行查询扩展处理是十分必要的。

（1）同义词扩展，就是查询时把与同义词相关的内容也查询出来，如"数据库"和"Database"指的是同一个意思，所以查询"数据库"的时候也要查询"Database"，反过来也一样。

（2）语义蕴含扩展，就是查询时不但要查询用户输入的检索词，还要查询这个词中所包含的子概念，例如，检索词"民族艺术"包括"手工艺""服饰""建筑""音乐""舞蹈"等，"服饰"又包括"服装""配饰"等，因此，查询"民族艺术"当然包括"手工艺""服饰""建筑""音乐""舞蹈"及其下的子概念。在扩展出其中的子概念后，再利用概念的语义相似度和语义相关度的计算，就可以增强检索系统对查询关键词的语义理解，提高查询的准确率[1]。

二、语义相似度和相关度定义

本体概念的语义相似度指的是两个概念在语义层次上相似的程度，它是取值在 [0，1] 的一个实数。如果两个概念蕴含的语义是相同的，这两个概念就是相等的，这两个概念之间的相似度为1；如果两个概念蕴含的语义之间完全没有相似的地方，那么这两个概念之间的相似度就为0[2]。概念相似度表现出的是概念间的聚合特点，而概念相关度表现出的是概念之间的组合特点[3]。

---

① 张柯. 基于概念格的语义相关度计算及应用. 开封：河南大学硕士学位论文，2007.
② 王孝满，郭成昊，周晓明. 改进的本体概念语义相似度计算方法. 指挥信息系统与技术，2010，1（5）：12-16.
③ 刘群，李素建. 基于《知网》的词汇语义相似度计算. 中文计算语言学，2002，7（2）：59-76.

Resnik[①]用汽车、汽油和自行车的例子解释了语义相似性和语义相关性之间的区别："汽车用汽油作为燃料，显然汽车和汽油之间的相关性比汽车与自行车之间更大，但是大多数人却认为汽车与自行车之间的相似性大于汽车与汽油。通过这个例子我们知道：相关性和相似性不同。即使汽车与汽油是相关的，但由于汽车与汽油之间没有共同的特性，大多数人也不会认为它们是相似的。但是汽车和自行车都属于交通工具的范畴，都有轮子并且都可以载人，因此汽车和自行车是相似的。"相似性与相关性也不是完全不同的两种概念。Resnik 认为，相似性可以被视为一种特殊的相关性（对象间基于蕴含关系的相关性）。

在本体结构中，通常由"is-a"关系表示两个概念间存在相似关系，由其他关系（如"part-of"）表示两个概念间存在相关关系。语义相似或相关是基于一定的视角或上下文的，在某个角度相似或相关的概念在另一个角度可能不相似或不相关。在相似度计算过程中，如果只考虑了上下位关系，那么就称该算法为相似度计算算法；如果计算过程中除上下位关系外，还考虑了其他类型的关系，如整体部分关系，那么就称该算法为相关度计算算法[②]。

三、语义相似度和相关度计算方法[③]

（一）基于词典的方法

基于词典的模型中，词典被看作是一个闭合的自然语言解释系统[④]，每个词汇在词典中都有其他的词汇来解释。运用以下假设来构建其模型：两个词汇的释义词汇集重叠程度越高，表明这两个词汇越相似。基于以上假设，Lesk 用同一词汇的不同含义释义词汇集的重叠程度来分析词汇在上下文中的含义[⑤]。Banerjee 在计算 WordNet 词汇之间的关系时，不仅将词汇的释义作为计算的依据，

① Resnik P. Using information content to evaluate semantic similarity in a taxonomy//Proceedings of the International Joint Conference on Artificial Intelligence. Montreal，1995：448-453.

② 刘宏哲，须德. 基于本体的语义相似度和相关度计算研究综述. 计算机科学，2012，39（2）：8-13.

③ 宋玲. 语义相似度计算及其应用研究. 青岛：山东大学博士学位论文，2009.

④ Kozima H，Kozima A，Teiji H. Similarity between words computed by spreading activation on an English dictionary//Proceedings of the Sixth Conference on European Chapter of the Association for Computational Linguistics. Utrecht：Association for Computational Linguistics，1993：232-239.

⑤ Lesk M. Automatic sense disambiguation using machine readable dictionaries how to tell a pine cone from an ice cream cone//Proceedings of the 5th Annual International Conference on Systems Documentation (SIGDOC86). Toronto：ACM，1986：24-26.

还把其在 WordNet 中 Hypemym 等语义关系的词汇的释义考虑在内[①]。

（二）基于几何距离的方法

基于几何距离的语义相关度算法模型，其基本思想是用两个实体在本体网络中相应节点的最短距离来计算实体之间的语义相关度。为了计算简便，可以在计算过程中把所有父类节点和子类节点之间的边的权重设为 1，这样，两个实体之间的最短距离就是两个节点间有向边的数量，用来表示概念之间的语义相关度，那么基于几何距离的语义相关度的计算公式为

$$\mathrm{Re}/（C_1，C_2）=\frac{2\times（H-1）L}{2\times（H-1）} \tag{6-1}$$

其中，H 为本体网络的最大深度，L 为概念之间的有向边的数量。两个概念间的距离越远，它们之间的语义相关度就越小；反之，两个概念间的距离越近，它们之间的语义相关度就越大。

（三）基于编辑距离的方法

在计算词汇之间的相似度研究中，有一种方法是基于字符串的编辑距离。编辑距离就是用来计算从源字符串转换到目标字符串所需要的最少的编辑操作（如插入、删除和替换）的数量用动态规划算法求解。假设 C 和串 J 之间的编辑距离用 $D（C_i，C_j）$ 表示，基本操作有三种：①用字符串 C_i 中的一个字符替换串 C_j 中的一个字符；②把字符串 C_j 中的一个字符删除；③在串 C_j 中插入一个字符。这三种基本编辑操作的代价为 1[②]，Maedehe 和 Staab 提出一个将编辑距离转化为位于 ［0，1］ 区间的相似度方法[③]。

$$\mathrm{Sim}_{\mathrm{sdit}}（C_i，C_j）=\max（\frac{\min（|C_i|，|C_j|）-D（C_i，C_j）}{\min（|C_j|，|C_j|）})^2 \tag{6-2}$$

（四）基于语料库的方法

在计算词汇之间的相关度研究中，有一种方法是基于语料库的方法。词汇

---

① Banerjee S，Redersen T. Extended gloss overlaps as a measure of semantic relatedness//Proceedings of the Eighteenth International Conference on Artificial Intelligence. Acapulco，2003：805-810.

② Levenshtein V. Binary codes capable of correcting deletions，insertions and reversals. Soviet Physies Doklady，1966，10（8）：707-710.

③ Maedche A，Staab S. Measuring similarity between ontologies//Knowledge Engineering and Knowledge Management. Ontologies and the Semantic Web. Springer-Verlag，2002：251-263.

相关性反映的是两个词汇互相关联的程度。可以用这两个词汇在同一个上下文中共现的可能性来衡量。共现分析（co-occurrence analysis）基于以下假设：两个词汇频繁地在语料库中同时出现，则它们之间存在着相关性[①]。

$$R\ (C_i,\ C_j)\ =\frac{n_{ij}}{n_i+n_j-n_{ij}} \tag{6-3}$$

其中，$R\ (C_i,\ C_j)$ 表示两个词汇 C_i、C_j 之间的相关度，n_i 表示包含词汇 C_i 的文档个数，n_j 表示包含词汇 C_j 的文档个数，n_{ij} 表示同时包含词汇 C_i 和 C_j 文档的个数。

Church 和 Hanks 也提出一个通过共现分析法来判断词汇之间关联性的方法[②]：

$$I\ (C_i,\ C_j)\ =\log_2\frac{P\ (C_i,\ C_j)}{P\ (C_i)\ P\ (C_j)} \tag{6-4}$$

其中，C_i 和 C_j 是两个词汇，$P\ (C_i)$ 和 $P\ (C_j)$ 分别是词汇 C_i 和 C_j 在语料库中的概率函数。当 C_i 和 C_j 相互独立时，有 $P\ (C_i,\ C_j)\ =P\ (C_i)\ P\ (C_j)$，因而此时 $I\ (C_i,\ C_j)\ =0$。

第二节　基于领域本体的概念语义相似度和相关度计算

目前概念的语义相似度和语义相关度计算研究中，大多数研究者们是利用语义词典 WordNet 中的同义词集组成的树形层次体系结构。第一种方法是考虑两个概念共享信息的程度，基于信息理论定义相似度计算方法；第二种需要先计算两个概念在树形层次体系结构中的语义距离，然后再转化成语义相似度的方法[③④]。

领域本体是专业性的本体，描述的是特定领域中的概念和概念之间的关系，提供了某个专业学科领域中概念的词表及概念间的关系，或在该领域里占主导地位的理论。本体定义和描述了某个领域内的公共词汇集，通过这个公共词汇集，就可实现信息共享和知识共享。领域内有相关基本概念，本体应该描述这些概念及概念间的关系，并且让计算机可理解[⑤]。

---

①　Baeza-Yates R，Neto B R. Modern Information Retrieval. ACM Press Addison Wesley，1999.

②　Church K，Hanks P. Word association norms，mutual information and lexicography. Computational Linguistics，1990，16（1）：22-29.

③　葛继科，邱玉辉. 一种基于本体概念语义距离的服务相似度度量方法. 计算机科学，2009，36（6）：181-184.

④　段寿建，杨朝凤，甘健侯. 基于领域本体的概念语义相似度和相关度综合量化研究. 现代图书情报技术，2009，185（15）：40-43.

⑤　宋峻峰. 面向语义 Web 的领域本体表示、推理、集成及其应用研究. 长沙：国防科学技术大学博士学位论文，2006.

图 6-1 所示的是一个关于"民族分类"的简单本体，这个本体只是为了解释和说明本体概念间的相似性和相关性，所以在图中只列出部分概念和概念间的部分关系。

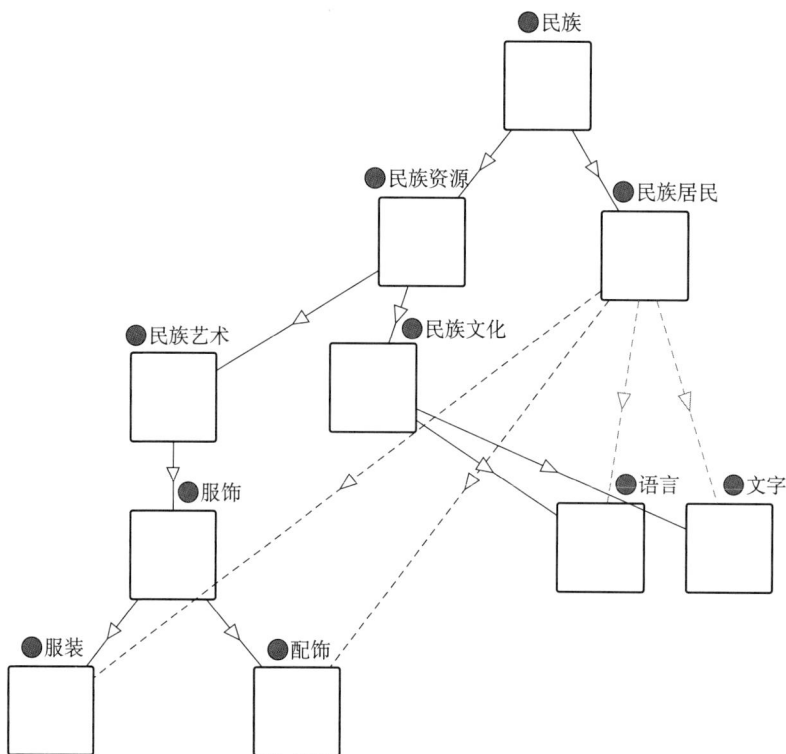

图 6-1   "民族分类"本体（部分）

图 6-1 是由本体建立工具 Protégé① 建立的一个关于"民族分类"的简单本体，是通过显示插件 Jambalaya 显示出的本体结构图。在图中，方框表示的是本体中的概念（类），如"民族资源""民族居民"等。概念间带箭头的实线表示概念（类）间的上下位关系（父子关系），如"服饰"指向"服装"和"配饰"，表示"服装"和"配饰"是"服饰"的子类（rdfs：subClassOf），子类关系在OWL 源文件描述中表示为：

```
<owl:Class rdf:ID = "配饰">
<rdfs:subClassOf rdf:resource = "♯服饰"/>
</owl:Class>
```

---

① Protégé. http：//protege. stanford. edu［2015-03-25］.

在本体中，除了上下位关系外，还有领域专家自定义的领域中各个概念间的特有关系，在图中用带箭头的虚线表示，如"民族居民"和"语言"这两个类，"民族居民"和"语言"的关系是"使用"，即"民族居民"使用"语言"，"使用"就是领域专家在领域本体中自定义的属性。属性用于表示本体中概念（类）与属性的关系，或者概念间的关系。"使用"属性在 OWL 源文件描述中表示为：

```
<owl:ObjectProperty rdf:about = "#使用">
<rdf:type rdf:resource = "http://www.w3.org/2002/07/owl#TransitiveProperty"/>
</owl:ObjectProperty>
```

在领域本体中，当只考虑本体概念（类）之间的上下位关系（即 rdfs：subClassOf）时，本体可以看成是一个层次树的结构，此时概念（类）之间的关系为相似性；当考虑概念（类）通过属性连接（即 owl：ObjectProperty）时，本体可以看成是一个图结构，此时有边相连的概念（类）之间的关系为相关性。

一、基于领域本体的概念语义相似度计算

基于领域本体的概念语义相似度计算主要考虑以下因素：①语义距离；②语义重合度；③节点所处层次深度和层次差。

在计算概念（类）之间的相似度时，当只考虑本体中的上下位关系（is-a，part-of）时，本体可以看成一个层次树的结构，如图 6-2 所示，树中任意两个节点［概念（类）］存在一条唯一的路径。

根据段寿建[①]等的观点，领域本体中任意两个概念（类）之间的相似度计算公式如下

$$
Sim\,(X,\,Y)
$$

$$
=\begin{cases}
1 & X=Y \\[2mm]
\dfrac{\alpha\times\beta\times\mid NodeSet\,(X)\bigcap NodeSet\,(Y)\mid}{(Distance\,(X,\,Y)+\alpha\times\mid NodeSet\,(X)\bigcup NodeSet\,(Y)\mid\times(\gamma\times\mid level\,(X)-level\,(Y)\mid+1)} & X\neq Y
\end{cases}
$$

$$(6\text{-}5)$$

当 X＝Y，$Sim\,(X,\,Y)=1$，即概念（类）与其本身的相似度为 1；当 X≠Y，式（6-5）可分解为

---

① 段寿建．基于本体的语义检索原型系统的设计与实现．昆明：云南师范大学硕士学位论文，2008.

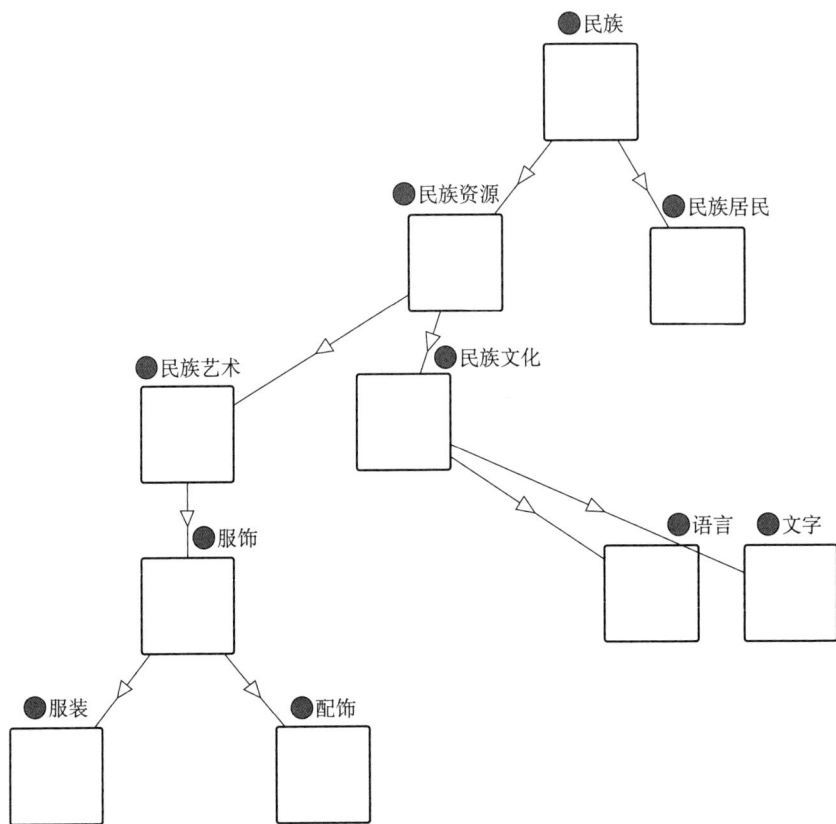

图 6-2　只考虑相似性时的"民族分类"本体结构

$$Sim\ (X,\ Y)\ =\frac{\alpha}{(Distance\ (X,\ Y)\ +\alpha)}\times\frac{\beta\times\mid NodeSet\ (X)\ \bigcap NodeSet\ (Y)\ \mid}{\mid NodeSet\ (X)\ \bigcup NodeSet\ (Y)\ \mid}$$
$$\times\frac{1}{(\gamma\times\mid level\ (X)\ -level\ (Y)\ \mid +1)}\qquad(6\text{-}6)$$

其中，α、β 和 γ 是可以调整的参数，α 的值是语义距离与语义相似度的关系，取值为正实数。β 用于调整语义重合度的值对相似度的影响，β 的取值范围为 $[1,\ \frac{Depth\ (O)}{Depth\ (O)\ -1})$，$Depth\ (O)$ 表示本体 O 的层次树深度，引入 β 的主要原因是当本体树深度值小的时候，语义重合度对相似度的影响过大，所以加入 β 来做调节，本体树中语义重合度最大的两个概念是本体树中最大层次上节点及其父节点，它们的语义重合度为 $\frac{Depth\ (O)\ -1}{Depth\ (O)}$，$\beta$ 的这个取值范围可以保证在 $X\neq Y$ 的情况下，$Sim\ (X,\ Y)\ <1$。γ 用于调节概念层次差对相似度的影响，γ 的取值范围一般为 $(0,\ 1)$。

二、基于领域本体的概念语义相关度计算

除了概念（类）之间的上下位关系（父子关系）外，我们还介绍了如何计算基于本体的概念相关度，就是计算本体中除了上下位关系（父子关系）以外的概念间的其他关系。

在 OWL 描述的本体结构中，概念的关系又可分为两种：owl：DatatypeProperty类型和 owl：ObjectProperty 类型。owl：DatatypeProperty 类型描述的是概念和数值的关系，不属于概念相关度研究的范畴，在这里不做讨论。所以在此只考虑 owl：ObjectProperty 描述的概念间的关系。

在本体中，除去上下位关系（父子关系）后，只留下相关概念的关系图。考虑概念相关性时，本体结构是一个图结构，如图 6-3 所示。

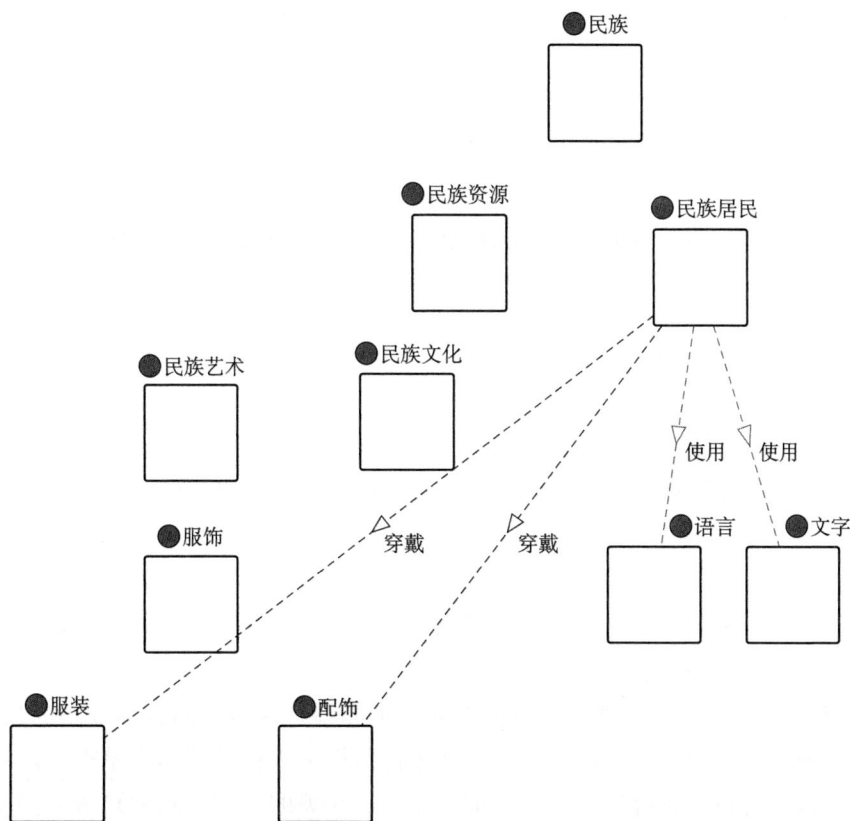

图 6-3　只考虑相关性时的"民族分类"本体结构

根据段寿建的观点，领域本体中任意两个概念（类）之间的相关度计算公式如下

$$Rel(X，Y) = \begin{cases} \dfrac{1}{\lambda} & X=Y \text{ 或 } X、Y \text{ 等价} \\ \dfrac{}{shortestpath（X，Y）+\lambda} & \text{其他关系} \end{cases} \quad (6\text{-}7)$$

其中，λ 是一个可调节的参数，λ 的含义是：相关度为 0.5 时的概念间的最短距离。

三、结合领域本体的语义相似度和语义相关度的计算方法

概念（类）之间的相似度主要反映了本体中的上下位关系（父子关系），相关度主要反映了领域专家定义的在该领域概念间特有的关系。可以说，两项指标对概念间的相互关系都有贡献，本书采用段寿建等使用的结合相似度和相关度的综合计算方法，该方法可以充分体现两项指标对总体关系的贡献，计算公式如下。

$$Rel（X，Y） = \begin{cases} \dfrac{1}{\lambda} & X=Y \text{ 或 } X、Y \text{ 等价} \\ \dfrac{}{shortestpath（x，y）+\lambda} & \text{其他关系} \end{cases} \quad (6\text{-}8)$$

第三节　基于概念相似度和相关度的扩展查询

一、扩展查询技术

利用关键字或者关键词的方式进行检索，只有用户想要查询的内容在文档中出现，文档才能被检索出来。在自然语言中，大多数时候同一个概念在不同的情况下会用不同的词语表示，因此可能用户已经输入想要查询的内容，但是由于表现方式上不相同而无法被检索出来，或者检索出来的内容不完全，这样就可能导致很多与查询内容相关的文档检索不出来，从而导致查全率和查准率低下，影响信息检索系统的检索性能[①]。

查询扩展技术是信息检索技术中的一种能够有效地提高查询效率的技术。因此，通过充分发挥查询扩展技术的优越性可以大大提高搜索引擎搜索的精确率。查询扩展技术通过将与用户查询词相近、相关的词扩展到用户查询词中的

---

① 李新友. 信息检索中的查询扩展技术研究. 桂林：广西师范大学硕士学位论文，2010.

方法，更准确地描述用户的信息需求，去除用户查询词的多义性，从而更精确地查询用户所需信息[①]。

二、基于本体的扩展查询

根据领域本体概念间的相似性和相关性进行扩展，必须结合领域本体概念（类）间的相似度和相关度的计算结果。基于领域本体概念间相似度和相关度的查询扩展流程如图 6-4 所示。

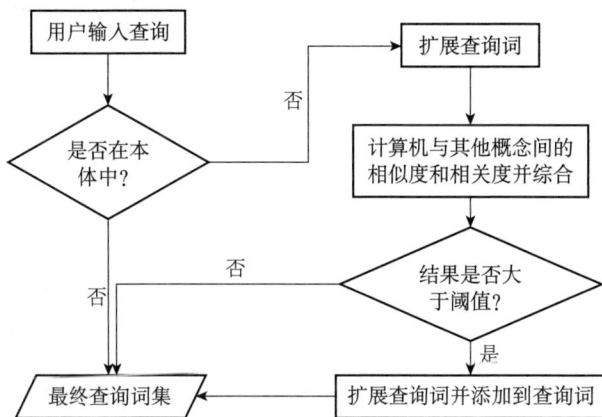

图 6-4　基于领域本体概念间相似度和相关度的查询扩展流程

扩展关系可包含如下几方面。

（1）等价类关系：扩展概念为查询概念的同义词。

（2）上下位关系（父子关系）：扩展概念与查询概念是本体层次结构中的父子节点。

（3）兄弟节点：扩展概念是查询概念的兄弟节点，有相同的父节点。

（4）其他：领域专家定义的关系。

第四节　本 章 小 结

知识服务是一种面向知识内容和解决方案的服务，本书主要探讨的是基于

---

① 陈少明. 基于用户行为与本体的查询词扩展研究. 成都：西华大学硕士学位论文，2010.

领域本体的语义检索。语义检索技术主要是利用概念匹配来进行检索，把传统方法中用户输入和文档中的关键词替换为含有语义的概念，从而把关键词级别的检索提升到概念级别的检索。查询扩展技术是信息检索的一种较为高效的技术，通过充分发挥查询扩展技术的优越性可大大提高搜索引擎搜索的精确率。本章讲述了语义检索与知识服务的相关概念与技术，如基于领域本体的概念语义相似度、语义相关度，以及语义相似度与语义相关度的相应计算方法和查询扩展技术。

第 七 章

民族教育信息资源语义检索模型

传统的信息检索模型或系统一般是基于三层软件架构模型进行设计与开发，而与民族教育信息教育资源相关的网站，如"民族网""中国民族网""中国少数民族网"和"民族文化广场网"等，都是在传统的网络三层架构基础之上进行设计与开发的。这些民族教育信息资源网都是以民族教育信息资源的展现为目的的。然而，当信息量逐渐增加以后，人们想快速获取相关的民族教育信息资源时，就显得费时费力，同时也不利于获取到自己想要的民族教育信息资源。因此，本章将在传统的网络三层架构基础之上，设计基于本体库的民族教育信息资源语义检索模型。结合本体库与数据库的资源映射、关键词扩展查询和民族教育信息资源语义推理模型等内容进行分析与设计。

第一节 民族教育信息资源语义检索模型总体结构设计

一、民族教育信息资源语义检索模型体系架构设计

传统的信息检索系统都是基于由数据层、信息检索业务逻辑层、信息表现层（用户界面层）所构成的三层架构，如图 7-1 所示。

信息表现层是一般信息检索系统为用户提供信息呈现的交互界面，信息检索用户可通过该层输入检索关键词（条件）等信息，最终用户通过该层获取检索系统反馈的符合条件的结果信息；信息检索业务逻辑层用于对检索系统中信息的编辑维护、检索结果呈现的组织、信息检索逻辑、传输等逻辑的定义，其中该层中的信息检索逻辑是按照关键词（字符）的匹配模式处理的，一般包括等值匹配和模糊匹配等方式；数据层是通过 Oracle、SQL Server 和 DB2 等关系数据库对信息检索系统的数据进行存储与管理，该层是信息检索系统的基础。

这种传统的三层信息检索架构，提供了常规的信息检索服务，但是不具有语义检索的功能。因此，用户在进行信息检索时，最终检索结果往往偏离用户的信息检索需求。

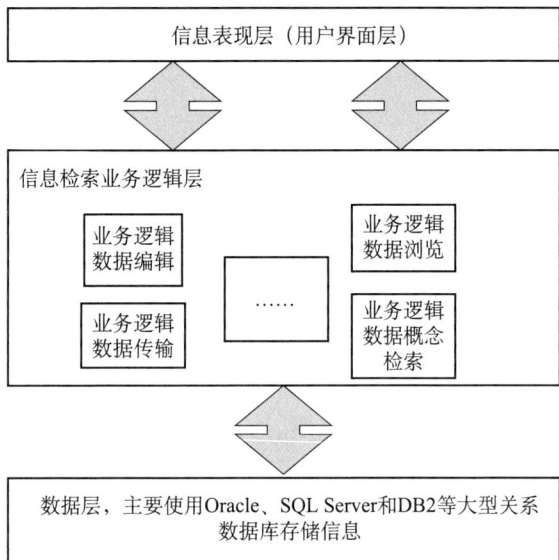

图 7-1　传统信息检索系统结构图

我们在传统的三层信息检索架构的基础上，通过介入本体库，在传统的三层信息检索系统中加入语义层构建民族教育信息资源语义检索架构模型。该架构模型将具备当用户在检索民族教育信息资源时实现关键词的扩展查询，最终实现民族教育信息资源检索的自动化和智能化处理的功能。民族教育信息资源语义检索架构如图 7-2 所示。

如图 7-2 所示，用户通过信息表现层的界面可获取信息检索业务逻辑层提供的所有服务，该层是民族教育信息资源请求者与民族教育信息资源数据层的中间桥梁，上层获取用户的检索请求，下层通过信息检索业务逻辑层向数据层将符合用户需求的资源反馈传递给信息表现层。

民族教育信息资源语义层主要实现对民族教育信息资源与请求信息的语义形式化处理和架构中各层次之间的语义聚合。从图 7-2 所示的民族教育信息资源检索架构图可知，用户通过信息表现层界面不仅能获取传统的信息检索服务，同时还能结合民族教育信息资源语义层实现对民族教育信息资源请求的语义化处理。民族教育信息资源语义层是信息表现层与数据层的纽带，面向信息表现层，语义层需要对用户检索请求进行分析；而面向数据层，语义层根据用户检

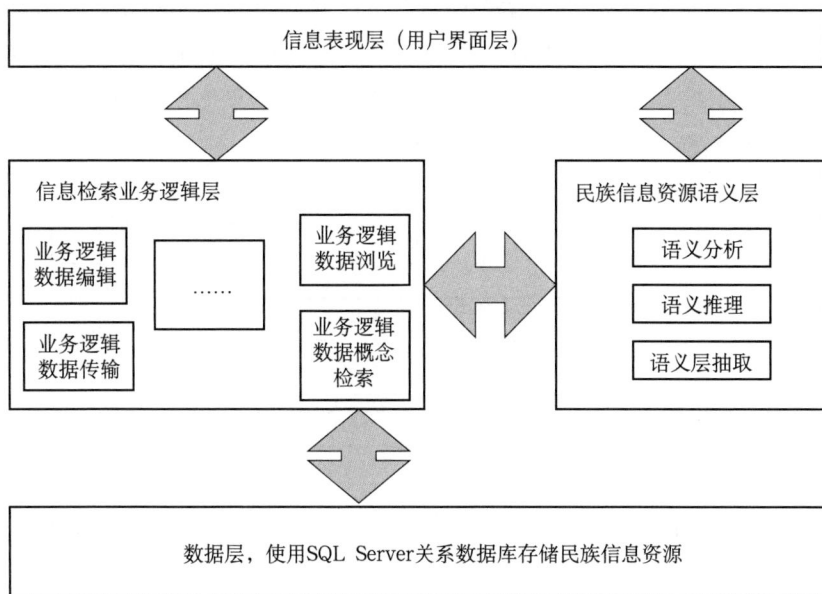

图 7-2　融入语义层的民族教育信息资源检索架构图

索请求的语义信息，结合信息检索业务逻辑层实现民族教育信息资源的语义检索，最终将语义检索的结果向信息表现层反馈。

检索请求、语义分析和数据层之间通过语义层的分析与处理实现了关联，检索过程中，语义层将通过对检索请求的语义分析和信息的语义推理，并通过对数据层中民族教育信息资源数据的语义抽取和语义匹配实现检索信息的交互。

二、民族教育信息资源语义检索模型总体设计

结合本体技术，对信息检索架构进行语义扩展，新的语义检索架构增加了知识体系层次，最终形成了民族教育信息资源语义检索架构，这使得民族教育信息资源检索具备了语义查询功能。在民族教育信息资源检索平台中，平台不仅要提供语义检索的功能，同时还要保持传统检索功能，这将有利于不同用户的不同检索需求。当然，民族教育信息资源检索系统将凸显语义检索的特点，强调系统的智能化特征，保证民族教育信息资源检索平台具有较强的语义表达，使得用户和计算机之间实现人机智能交互，让计算机能够理解用户的检索需求和意图，进而减小检索的误差。

民族教育信息资源语义检索模型主要包括五个大的功能模块：民族教育信息资源本体库模块、检索请求处理模块（其中涉及检索请求预处理和检索请求扩展）、语义检索模块、本体库与数据库映射模块、结果输出模块。民族教育信息资源语义检索模型总体结构如图 7-3 所示。

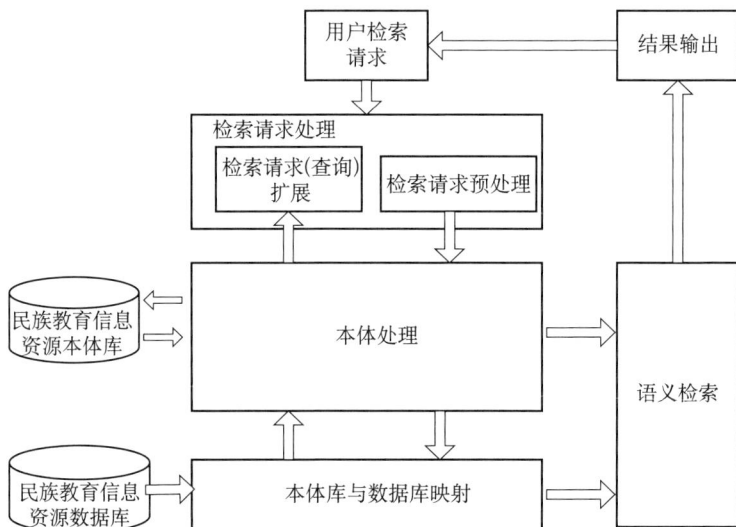

图 7-3   民族教育信息资源语义检索模型总体结构图

（1）民族教育信息资源数据库主要是对民族教育信息资源的数字化存储和管理，其中存储着云南 25 个少数民族的相关信息内容。同时，该库是民族教育信息资源本体库构建的依据。

（2）检索请求处理中将用户的检索请求首先进行预处理，然后通过本体处理模块中的推理机，结合民族教育信息资源本体库将其按规范化的格式进行转化，并利用本体语义相似度在民族教育信息资源本体库中进行相似度计算。抽取出检索请求的语义，最终实现对检索关键词的检索请求扩展。

（3）本体处理模块将扩展了的用户检索请求，如检索条件、主题词等，基于民族教育信息资源本体库实现民族教育信息资源相关概念的语义提取。本体处理模块将结合扩展了的检索请求表达式和推理规则，从本体库中形成与检索请求匹配的信息。

（4）数据库与本体库的映射是完成本体库与数据库之间的关系映射，形成本体库与数据库的管理，通过数据库提取符合用户需求的民族教育信息资源数据信息，并最终将其按一定方法反馈给用户。

第二节　基于本体库的民族教育信息资源语义检索

语义检索模块是在民族教育信息资源本体库的基础上进行的推理和查询。在使用检索功能时，首先对检索请求中的内容（关键词）进行分析，分析出的相关概念将结合民族教育信息资源本体库，并通过概念与概念之间的相似度模型进行相应的计算，最终结合语义推理机实现概念之间的语义推理。检索请求内容（关键词）通过推理之后，将根据相应的规则进行扩展形成新的检索词。新的检索关键词将与数据库中的信息进行匹配检索，最终将符合检索请求的信息或资源反馈给用户，这将一定程度上提高检索效果。

一、民族教育信息资源语义检索的主要流程

（1）民族教育信息资源语义检索对检索请求进行分析，使之形成三元组，并对民族教育信息资源本体库中的概念进行语义相似度计算，形成与之概念相似的集合。本书在分析了多种语义相似度模型之后，确定使用基于改进的领域本体的语义相似度算法，进行民族教育信息资源概念相似度的计算。

（2）通过第一步中分析形成的概念集合，在此基础上引入多种概念的扩展，如对单个、多个检索关键词的扩展等，形成民族教育信息资源语义检索系统需要的语义扩展概念。

（3）结合概念语义相似度计算对扩展后的概念集合再执行语义扩展操作，获取更深层次的语义信息。

（4）最终形成新的民族教育信息资源语义扩展查询。

二、民族教育信息资源语义检索语义相似度算法

传统的字符串匹配机制是信息检索的重要手段，其方法主要是基于关键字与关键字的完全匹配查询和模糊查询两种。随着信息检索系统融入语义概念后，概念间的语义匹配成了语义检索信息系统的关键，一般而言，语义检索中的概念匹配主要是通过计算概念间的语义相似度[①]。当前研究者主要从基于概念特征

---

① Angelos Hliaoutakis. Semantic similarity measures in mesh ontology and their application to information retrieval on medline. http：//www. intelligence. tuc. gr/publications/Hliautakis. pdf［2007-12-10］.

的语义相似度、基于信息量的语义相似度和基于语义距离的语义相似度三个层面进行语义相似度研究。

（1）基于概念特征的语义相似度算法。该方法是从概念的特征上进行考虑，通过对概念属性的值进行比较，一般认为，人们都是通过事物的属性进行识别和区分，同时获取事物之间的联系，如果事物属性的共同点高，那么就认为其相似。例如，概念 C_1 和 C_2 的属性集合分别为 P_1 和 P_2，若 $P_1 \bigcap P_2$ 的值较高，那么就可确定概念 C_1 和 C_2 的相似程度较高。

（2）基于信息量的语义相似度算法。该方法是考虑到本体中不同节点之间的概念内容共享的最大信息量的情况衡量概念之间的相似程度。同一个概念出现的次数越多，其涵盖的信息量就越少，反之，其信息量就越多。

（3）基于语义距离的语义相似度算法。语义距离主要是针对本体中不同概念间相关关系链中长度的一种衡量方式。其主要思路一般是设定概念与概念之间有向边的权值为1，通过计算两个不同概念之间有向边的几何距离的权值之间的关系，最终确定两个概念之间的相似程度。该算法的计算公式如下[①]。

$$\mathrm{Sim}(w_1, w_2) = \frac{2 \times (\mathrm{Length} - 1) - \mathrm{Dis}(w_1, w_2)}{2 \times (\mathrm{Length} - 1)} \tag{7-1}$$

其中，Length 表示概念树的最大深度，Dis（w_1，w_2）表示概念 w_1 与概念 w_2 之间有向边的最短路径的数量。为了便于计算，通常将概念之间有向边的权值都设置为1。本体概念的顶级概念设定其层次为1。

上述三种算法从三种不同的角度考虑了语义相似度的研究方法，其中基于概念特征的语义相似度算法结合人的认知规律，便于理解。然而，本体定义是一个不断完善与修订的过程，各种特征存在着一定的人为性，而且某一概念的属性特征存在列举不全的情况，这将给语义相似度计算带来一定的误差。基于信息量的语义相似度计算方法依靠概念的信息量，使用统计的手段对语义信息的相似度进行考虑。可是，本体概念中存在着大量的同义词，甚至在不同场景中存在一词多义的情况，因此，基于信息量的方法同样在语义相似度计算中存在着误差。而基于语义距离的相似度算法，充分考虑了本体定义中概念与概念的层次关系，便于理解，在语义相似度计算过程中影响因子相对较少，因此，本书将根据概念与概念的语义距离对概念的语义相似度进行考虑。

基于语义距离的语义相似度计算方法，除了通过概念间的距离反应本体概

---

① 张会影. 领域本体中的语义相似度算法研究. 宜春学院学报，2011，（4）：49-51.

念之间的相似度外，同时还存在着两种影响因子对基于语义距离的语义相似度计算存在着影响：一个是本体概念节点在本体中所处的概念层次；另一个是父子概念节点间的语义关系，如父节点具备子节点的一切特征，而子节点不一定具备父节点的一些概念特征。因此，鉴于这两个影响因素，研究者提出了改进的基于语义距离的语义相似度计算公示，如式（7-2）所示[①]。

$$Sim(w_i, w_j) = \sqrt{\frac{2(Length - 1) - Dis(w_i, w_j)}{2 \times (Length - 1)} \cdot \alpha \cdot \beta} \qquad (7\text{-}2)$$

其中，α 是表示语义概念层次的影响因子，其计算公式如式（7-3）所示。

$$\alpha = 1 - \frac{|Dep(w_i) - Dep(w_j)|}{Dep(w_i) + Dep(w_j)} \qquad (7\text{-}3)$$

β 是较高层次级与较低层次级概念之间的相似度影响因子，其计算公示如式（7-4）所示。

$$\beta = \frac{1 + \frac{|Dep(w_i) - Dep(w_j)|}{Length}}{2} \qquad (7\text{-}4)$$

民族教育信息资源本体中的部分概念层次图，如图7-4所示。

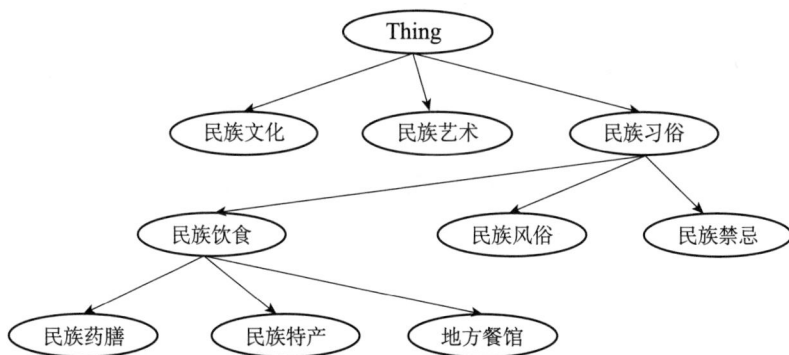

图 7-4 民族教育信息资源本体部分概念层次图

在此，先设定 Thing 根节点的深度值为 1，概念与概念之间有向边的权值为 1，利用式（7-2）、式（7-3）、式（7-4）计算"民族药膳"与"民族饮食"、"民族饮食"与"民族习俗"和"民族习俗"与"民族饮食"，可得结果如表 7-1 所示。

① 赵捧未，袁颖. 基于领域本体的语义相似度计算方法研究. 科技情报开发与经济，2010，（8）：74-78.

表 7-1 基于距离的语义相似度改进前后结果对比

概念 影响因子	"民族药膳"与 "民族饮食"	"民族饮食"与 "民族习俗"	"民族习俗"与 "民族饮食"
未改算法	0.833	0.833	0.833
α	0.875	0.8	0.8
β	0.625	0.625	0.375
改进后	0.668	0.645	0.5

通过表 7-1 可以看出，按照传统的语义距离相似度计算出的"民族药膳"与"民族饮食"、"民族饮食"与"民族习俗"和"民族习俗"与"民族饮食"的相似程度都是一致的，而改进之后，我们可以知道，"民族药膳"与"民族饮食"、"民族饮食"与"民族习俗"的相似度分别为 0.668 和 0.645，因此，我们可认为对于"民族饮食"的概念节点，"民族药膳"与其相似度更高。"民族饮食"与"民族习俗"和"民族习俗"与"民族饮食"经过相似度计算以后，我们可以看出，父节点与子节点之间的相似度并不一致，明显子节点与父节点的相似度较高，而父节点与子节点的相似度就相对较低。同时，从表 7-1 中的 α 数值的分布情况可知，概念层次越高，它与层次较低概念间的语义相似度就越低。

第三节 本体库与数据库的融合模型研究

民族教育信息资源本体库的建立，较完整地描述了民族教育信息资源的相关概念及其关系，然而为了更好地体现本体在信息检索中的优势，还需要本体库与数据库的相互融合，并构建两者之间的相关关系。这样就既能体现本体在相关推导工具支持下的语义推导功能，同时又能发挥传统关系数据库在数据存储、管理及检索方法方面的能力。因此，本节将在已构建的民族教育信息资源本体库与民族教育信息资源数据库的基础上，研究两者之间的融合及其模型。

一、关系数据库模型与本体模型

关系数据库使用关系模型对数据及其关系进行管理与组织，通常关系模型是由一组关系组成的，如图 7-5 所示。每组关系的数据结构是一张规范化的二维表，其中表的行称为元组，列表示一个实体的属性特征，而众多属性特征的集合就能描述一个表中的单条记录。关系数据库作为当前主要的数据与信息的存储与管理手段，使用范围十分广泛，但是由于数据库缺乏相关的语义，所以存储在数据库中的信息并不能很好地体现信息的内部语义信息，因此，在语义信息检索领域关系数据库还未充分发挥出其应有的作用。本体模型具备较强的定义与表达能力，它的表达形式并不像关系数据库一样只是一张单纯的二维表，因此，本体模型在资源描述与表达时，资源及其关系能得到很好的展现，如图7-6所示。

图 7-5　数据库 E-R 关系图

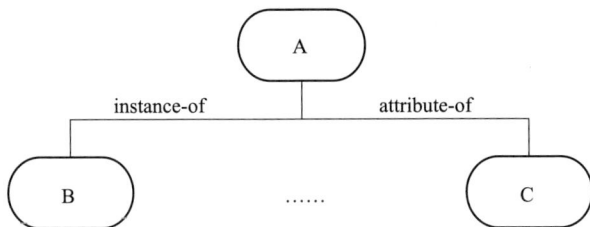

图 7-6　本体概念关系图

通过上述分析可知，关系数据库模型与本体模型之间是存在差异的，而当前大多数应用都是依靠数据库对数据进行组织与管理，而本体更多停留在理论研究的层面上，因此，这也导致数据库与本体都未最大化发挥各自的优势。因此，需要将两者进行有效融合，在探索本体库与关系数据库相融合的方法与途径方面已经有一些理论成果。当前，关系数据库与本体模型的融合方法及途径主要有以下三种。

（1）本体模型中的概念等信息转变成二维关系数据库模式进行表示，此方法是通过手动的方式，将本体中的概念和属性等信息放入数据库，构成类似于传统的数据库二维表，最终实现本体与数据库的融合。

（2）关系数据库模式向本体模型的模式转换，通过建立转换规则，采用自动或半自动的方式将关系数据库中二维表中的信息转换成本体形式来表示。

（3）建立中间模型，实现本体模型与数据库模型的融合，这将借助于诸如根的有向无环图或 Web-PDDL 中间模型等。

结合民族教育信息资源的特点，采用第一种方式比较直观而且相对容易实现。因此，本书采用第一种方法实现民族教育信息资源数据库与民族教育信息资源本体库的融合，最终为民族教育信息资源语义检索提供基础支持。

二、关系数据库与本体库的融合模型

本体库中的概念通过转换，采用关系数据库中的信息表进行存储，通过构建数据库信息记录与本体概念之间的对应关系，最终实现本体概念与信息记录之间转换成传统关系数据库 E-R 关系。当检索请求经过相应的转换处理后，形成新的查询请求，基于方便实用的原则，构建了一个民族教育信息资源本体库与数据库的融合模型，如图 7-7 所示。

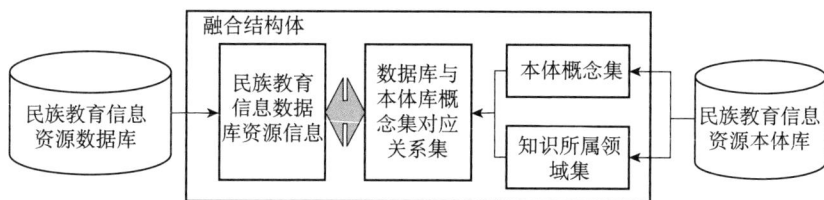

图 7-7　本体库与数据库融合模型

如图 7-7 所示，本体库与数据库融合模型中融合结构体是其核心，融合结构体是民族教育信息资源数据库与本体库的交互"桥梁"。融合结构体中的本体概念集、数据库与本体库概念集对应关系集与数据库对应关系集都将以具体的关系数据表形式存在。

本体库与数据库融合结构体中涉及三个重要的部分，它们的主要功能如下。

（1）本体概念集，该部分的主要功能是需要通过手动标引的方式，将本体库中的所有概念及其类型信息进行相应的提取，形成本体概念的集合。本体中的每一个概念最终形成一条单独的二维表信息。

（2）知识所属领域集，描述民族教育信息资源本体中各个概念具体属于的知识领域信息，这样设计主要是因为在个别情况中，一些相同的概念或词在不同的知识领域中代表不同的意思，若数据库与本体库在融合时不进行相应的区分，那么将对检索的准确性产生影响。

（3）数据库与本体概念集对应关系集，是将民族教育信息资源数据库中的信息数据表中的具体记录（行）与民族教育信息资源本体概念实现相应的对应，使得数据库与本体库连接，最终实现基于本体的信息检索功能。一般而言，通常数据库资源信息表中的一条记录会与本体概念集合数据表中的记录形成 $1:N$

的关系，而 N 的取值范围是 $1 \sim N$。

第四节　民族教育信息资源语义检索扩展查询

在传统的信息检索中，关键字在很大程度上决定了检索的准确性和完整性。用这样的方式获取的检索结果取决于检索人的信息素养，对一般检索人员而言，这样的方式就显得非常困难。而对于具备语义功能的检索服务，通过机器对检索请求语义的识别，自动寻求满足需要的信息，这就成了一种较为理想的方式。针对民族教育信息资源的语义检索，关键就是实现检索关键字的一种扩展查询。这样的扩展查询即将查询请求中的关键字首先进行一定的语义层面的推理，从而实现概念的语义扩展，形成新的检索请求关键字来替换初始查询请求。在基于本体的民族教育信息资源的检索模型中，民族教育信息资源本体语义检索将更好地实现机器对检索请求的分析，最终实现对用户查询需求的"理解"，在这样的机制下，实现对用户检索请求关键字的语义扩展，然后通过与数据库的融合，实现民族教育信息资源的检索，最后推送检索结果数据给用户。

一、单个关键字的扩展查询

一般而言，检索查询的请求可从以下情况进行考虑：第一，检索请求中的关键字是民族教育信息资源本体概念中存在的部分；第二，检索请求中的关键字在民族教育信息资源本体中并未出现，而且没有直接相关的联系。上述两种情况，在实际的语义检索查询中都需要结合民族教育信息资源本体，并将检索请求关键字与民族教育信息资源本体相关的领域概念、概念同义词和属性等进行检索匹配。在匹配过程中，使用本体概念中的查询扩展方式，该方式是针对概念及其关系进行相应扩展，主要涉及的是概念的同义关系、概念的父子关系及相邻平行同属概念关系的扩展。相关例子如下所示。

（1）民族教育信息资源本体中同义关系概念的语义扩展。例如，当用户输入检索请求时，对检索请求分析后，获取得到的关键字是"傣族医药"，那么民族教育信息资源本体中的"傣药"便是与此概念相同的概念，可扩展成最终查询检索新的关键字。

（2）民族教育信息资源本体中概念间的父子关系（上下位关系）的扩展。

例如，经过分析的检索请求的关键字是"民族古迹"，那么其概念经过扩展后可获得其父概念为"民族旅游"，而"大理古迹"便是其概念扩展出的一个子概念，概念经过扩展后，子概念的数量有可能存在多个。

（3）民族教育信息资源本体中相邻平行同属概念关系（兄弟关系）的扩展。例如，用户输入的检索请求经过分析后，明确其关键字是"白族美食"，那么，用户主要是针对云南地区的民族美食，尤其是想对白族的美食进行了解，因此，经过扩展后的检索关键字可扩展为其兄弟关系，如"傣族美食""彝族美食""景颇族美食"等概念。

单个关键字查询基本算法描述如下。

算法开始：

第一步，系统获取并分析用户的检索请求中的关键字（词），并从民族教育信息资源本体库中获得与之对应的一个同义概念 M。

第二步，在民族教育信息资源本体中对概念 M 的父子关系概念和兄弟关系概念进行扩展查询，并最终将获得的相关概念集成一个相关检索概念的集合 M_1。

第三步，采用本章第二节中概念相似度的计算方法进行建模。

第四步，根据上一步骤中的计算结果，完成概念 M 与集合 M_1 中概念的相似度计算及排序。

第五步，将检索到的结果按照与检索请求的相似程度由高到低的顺序反馈给用户。

算法结束。

二、多个关键字的组合查询

传统的检索系统中使用的是关键字匹配技术来对检索请求进行相关的反馈，然而当前人们对检索请求的需求逐渐发展成为通过利用对检索请求的分析而获取隐含的信息进行检索。因此，尤其是当检索请求为一个句子时，需要对类似这样的请求进行相应的分析，最终获取蕴含其中的多个检索关键字，通过组合查询的方式获取检索结果。结合民族教育信息资源本体库实现这样的关键字组合查询的方法如下。

多个关键字的组合查询是基于单个关键字检索对用户输入的检索请求进行分析、处理，并获得检索关键字的集合，结合民族教育信息资源本体进行扩展，最终获取一个新的检索概念集合。民族教育信息资源本体库描述了一个较为丰富的语义关系，借助推理获取其中相关的一些蕴含信息，并对其进行分解，最后形成多个不同的检索请求，并发起检索请求，获取相应的数据与知识内容。

多个关键字组合查询的基本算法描述如下。

算法开始：

第一步，系统获取并分析用户的检索请求，并通过分词等方法，实现对关键词的获取，对于获取到的关键词需要在民族教育信息资源库中依次寻找其同义概念，得到概念 M_1、M_2、M_3，…，M_n 的一组概念。

第二步，在 M_1、M_2、M_3，…，M_n 的一组概念中，需要考虑这一组概念间是否具有同义的概念，因此，需要对其进行相应的处理，去除冗余的同义概念并生成一个新的概念集合 C。

第三步，在民族教育信息资源本体概念层次中遍历概念集合 C 中的各个概念的父子关系概念和兄弟关系概念，最后形成一个新的概念集合 Q。

第四步，对概念相似度的计算算法进行相应的建模处理。

第五步，通过第四步的模型实现对概念集合 Q 中相关概念相似度的计算及排序。

第六步，将检索到的结果按照与检索请求的相似程度由高到低的顺序反馈给用户。

算法结束。

第五节　语义推理设计

本书所使用的语义推理是基于 Jena 的推理机制。一般的推理方式主要有三种[①]：使用 Jena 自带的基于一般规则的推理方式、根据需求自定义规则的推理方式和直接使用成熟的第三方推理机方式。

（1）使用 Jena 自带的基于一般规则的推理方式。该方式的推理机的相关推理规则是基于一般用途的，而且实现比较简单。这种方式的推理机的创建只需要向本体模型对象中读取相应的文件，便可实现推理机的创建工作。

（2）根据需求自定义规则的推理方式。这样的推理机是根据相应的触发机制而实现在推理机的内部对推理相应规则的分析、解释和执行并形成推理结果。这种推理方式的触发机制主要有三种引擎：第一种是前向链推理引擎；第二种

① 张玮莉. 本体驱动的 Web 数据语义集成体系结构的研究. 大连：大连海事大学硕士学位论文，2007.

是后向链推理引擎；第三种便是将前面两种推理引擎进行混合的混合推理引擎。在实际的使用过程中，使用者可以根据需求书写出符合自身需要的规则与定义，并依据自定义的相关规则创建出符合条件的推理机。同时，一些规则是系统自身就具有的，在使用时，使用者可快速方便地对其进行选择使用。自定义的推理规则是十分复杂的，因此，本部分主要展示部分推理规则的语法。

rule：bare-rule

or ［bare-rule］

or ［ruleName：bare-rule］

前向和后向推理规则定义如下：

bare-rule：＝term，…，term->term，…，term

or term，…，term<-term，…，term

三元组规则定义如下：

term：＝（node，node，node）

or（node，node，functor）

or builtin（node，…，node）

（3）直接使用成熟的第三方推理机方式。除了已经存在的 Jena 推理机之外还可使用第三方的推理机。这些推理机也能方便地与 Jena 进行集成，如当前使用比较多的 Dig 描述逻辑接口等。

考虑到本书的特点，采用上述第一种方式进行相应推理。语义推理框架如图 7-8 所示。推理注册器依据民族教育信息资源本体的描述和民族教育信息资源本体库构造出推理机。同时，系统中需要一个类似传统程序中的模型工厂来实现民族教育信息资源数据模型与推理机的关联，最终实现推理的功能。

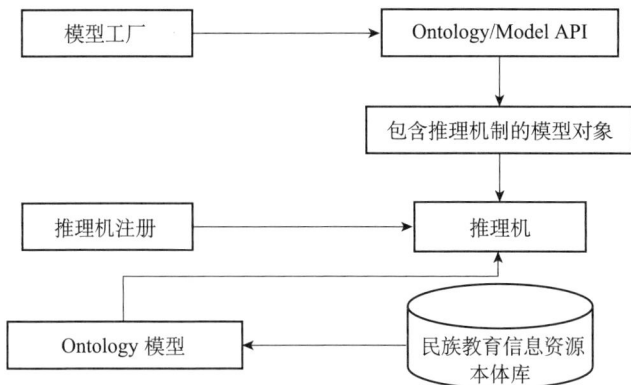

图 7-8　语义推理框架图

第六节　本 章 小 结

本章在传统的基于三层架构的民族教育信息资源网检索模型的基础上，融入了民族教育信息资源本体，添加了民族教育信息资源语义层，提出了一个基于语义的民族教育信息资源语义检索模型。并在此基础上对语义检索流程进行了介绍，采用改进的相似度计算方法，实现概念之间相似度的计算，对关键词在查询中的检索字（词）进行了扩展设计，在 Jena 原有推理机的基础上，设计了满足本书需要的语义推理框架。

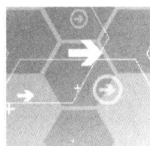

第 八 章

民族教育信息资源语义检索和知识服务系统设计与开发

随着民族教育资源的发展和国家对民族教育资源的重视，利用网络来传播民族教育资源成为一种必然的途径。现在网络上的民族教育资源来源广、数量大、种类繁多，但是没有一个统一的管理和组织形式，使得民族教育资源建设凌乱，重复利用率不高。其次，由于各个不同的民族之间有着较大的文化差异，对概念的理解不一致，这导致对民族教育资源的理解不同，影响了民族教育资源的检索效果。为了提高民族教育资源检索的效率，必须要对民族教育资源进行标准化的操作。

为了解决这些问题，在检索系统中引入了本体，使用本体来描述民族教育资源，可以保证用户在民族分类知识的层面上对民族教育资源有一致的理解，有利于民族教育资源的共享和检索。在此基础上构建基于本体的民族教育资源语义检索和知识服务系统，能为民族教育资源提供语义标注，并且能提供对民族教育资源的语义检索。

第一节　基于本体的语义检索模型设计

基于本体和 Lucene 的语义检索模型的执行步骤如图 8-1 所示，具体过程如下。

（1）建立民族教育资源本体，此过程需要领域专家和本体的工程师协同进行。

（2）收集数据，把收集来的一手资源或网络资源按照规范的格式存储在资源库（关系数据库）中。

（3）本体概念相似度、相关度预处理，为了提高检索效率，此处预先处理好本体里的相关概念间的相似度与相关度，并保存于数据表中。

（4）用户从检索界面输入查询词，在本体的帮助下扩展查询词，再从数据库中匹配出符合条件的数据集合。

（5）检索的结果经过排序等处理，返回到结果显示界面。

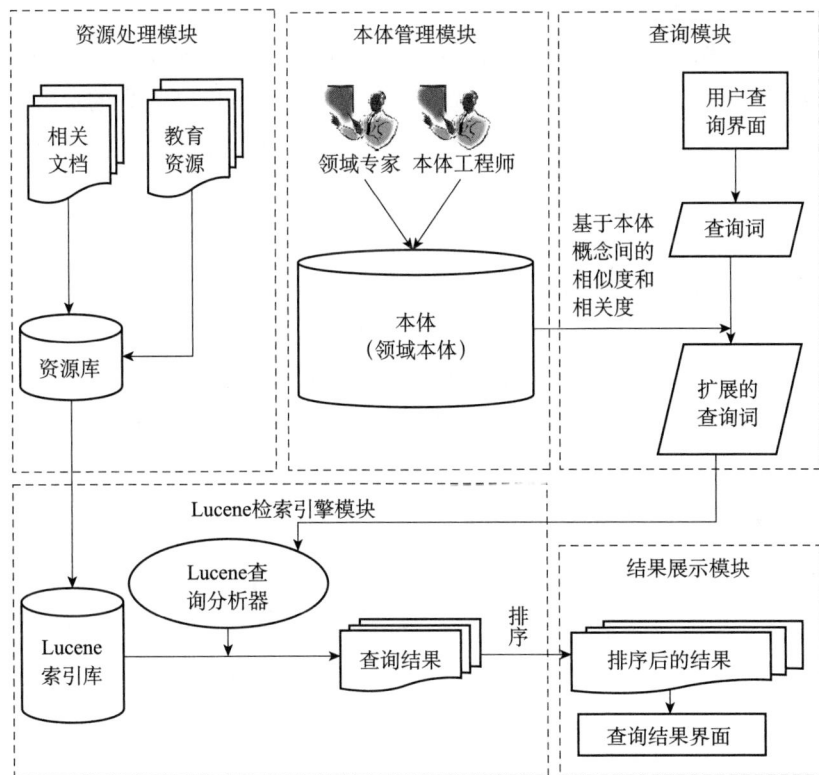

图 8-1　基于本体和 Lucene 的语义检索模型

一、本体管理模块

本体管理模块是实现语义检索的关键模块，在扩展查询词的时候要用到本体，所以在建立检索系统的过程中，首先要建立合适的领域本体，此过程需要领域专家和本体工程师协同进行。领域本体可以表示某一特定领域范围内的特定知识。这里的"领域"是根据本体构建者的需求来确立的，它可以是一个学科领域，可以是某几个领域的一种结合，也可以是一个领域中的一个小范围①。本体建立之后仍然需要不断完善和改进，所以建立了本体之后要对本体库进行维护，根据实际情况对本体进行修改。

二、资源处理模块

资源库的建设是检索系统的前提，在进行检索时，要保证资源库中有足够多可供检索的资源，才能思考如何进行有效的检索。所以已收集的资源必然需要根据资源库建设的标准进行相关的整理，标志出相应的属性之后才能入库，这样才能保证资源的完整性。

三、Lucene 检索引擎模块

Lucene. Net 是一个开放源代码的全文检索引擎工具包，它不是一个完整的全文检索引擎，而是一个全文检索引擎的架构，它提供了完整的查询引擎和索引引擎②，其检索结构如图 8-2 所示。

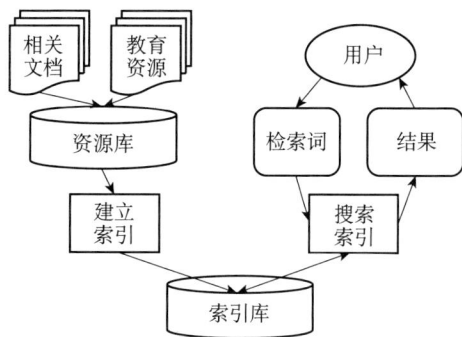

图 8-2　Lucene 检索结构

Lucene. Net 检索引擎模块需要完成如下工作：

（1）为资源库建立索引，生成相应的索引库；

（2）根据扩展的查询词对生成的索引库进行检索；

① 段寿建，夏幼明，甘健侯. 基于本体和 Lucene 的语义检索模型设计与实现. 现代电子技术，2009，299（12）：36-38.

② Lucene. Net. http：//baike. baidu. com/view/5049915. htm.

（3）将查询的结果进行排序后传至结果展示模块。

四、查询模块

查询模块首先要对用户输入的查询词进行扩展，就是把用户要查询的相关词扩展出来，得到一个比原来更全面的查询，然后再检索 Lucene. Net 生成的索引，用以提高检索的查全率和查准率。

五、结果展示模块

结果展示模块主要有两个功能：一是排序查询结果；二是显示查询结果。如何在复杂的查询结果中找到一个好的排序方法是一个比较重要的工作，这能让用户有更好的体验。如何把查询结果显示在友好的用户界面上也是值得考虑的问题。

第二节　民族教育信息资源数据库设计

根据之前教育资源建设规范和民族教育资源的相关研究，在此对民族教育资源库的数据库进行设计。在民族教育资源数据库中，由于资源种类非常多，本书实验时暂时只考虑教育资源中的媒体资源。

一、媒体资源数据库设计

媒体资源主要分为五大类，包括文本类素材、图形/图像类素材、音频类素材、视频类素材和动画类素材，媒体资源公用数据库的属性设计如表 8-1 所示。各类素材特有属性数据库设计分别如表 8-2（文本类素材）、表 8-3（图形/图像类素材）、表 8-4（音频类素材）、表 8-5（视频类素材）、表 8-6（动画类素材）所示。

表 8-1　媒体资源公用数据库属性设计

编号	中文名称	英文名称	解释	数据类型	备注
1	标志	id	教育资源唯一标号	Bigint	主键，使用不同的数字进行标注

编号	中文名称	英文名称	解释	数据类型	备注
2	标题	title	教育资源的标题	Nvarchar（200）	
3	语言	language	教育资源所使用的语言	Nvarchar（100）	如 "en" "zh"
4	民族编号	nation id	所在民族表中的 ID 号	Nvarchar（36）	
5	描述	description	对教育资源内容的文本表述	Nvarchar（Max）	
6	关键字	keywords	描述教育资源的关键字	Nvarchar（100）	
7	作者	author	教育资源的作者	Nvarchar（50）	
8	创建日期	creating date	教育资源作者创建的日期	DateTime	
9	上传编辑日期	editing date	教育资源上传到本库中最后编辑的时间	DateTime	
10	版权和限制	copyright	使用该民族教育资源是否有版权和其他限制条件	Nvarchar（Max）	
11	类型	type	民族教育资源的类型	Nvarchar（10）	从限定的类型中选择，如媒体素材、试题、试卷、课件、案例、文献资料、网络课程、常见问题解答和资源目录索引等。数据库中使用缩写，如 text、image 等
12	格式	format	教育资源在技术上的数据类型，该数据用于确定教育资源所需要的运行软件	Nvarchar（30）	如 txthtml
13	分类	classed 1	教育资源所属分类目录的标志	Bigint	外键，使用不同的数字进行标注
14	副分类	classed 2	教育资源所属分类目录的标志	Nvarchar（Max）	
15	大小	size	教育资源的大小	Nvarchar（30）	如 1M
16	位置	location	教育资源的物理位置，用于表明如何获取教育资源的一个字符串。它可能是一个位置（如 URI）或解析出位置的一种方法。最可取的位置优先列出	Nvarchar（1000）	

续表

编号	中文名称	英文简写	解释	数据类型	备注
17	适用对象	audience	适用该教育资源的用户类型	Nvarchar（30）	如教师、学生、管理员
18	典型学习时间	learningtime	对适用对象来说，使用该资源一般或大约所需的时间	Nvarchar（10）	如1小时
19	点击次数	click	民族教育资源的点击数	Integer	正整数
20	下载次数	download-count	民族教育资源的下载次数	Integer	正整数
21	简略标题	shorttitle	民族教育资源的简略标题	Nvarchar（60）	
22	缩略图	thumbnail	民族教育资源的缩略图路径	Nvarchar（250）	

表 8-2 文本素材特有属性数据库设计

编号	中文名称	英文名称	解释	数据类型	备注
1	素材字数	wordcount	文本素材的字数	Int	正整数，如 10 000

表 8-3 图形/图像素材特有属性数据库设计

编号	中文名称	英文名称	解释	数据类型	备注
1	颜色数	color	图形/图像的颜色数	Int	正整数，如 256
2	分辨率	resolution	图形/图像的长度、宽度，以像素为单位	Nvarchar（20）	如 800×600
3	扫描精度	scanresolution	图像扫描时使用的精度（dpi）	Nvarchar（20）	如 300
4	灰阶度	brightnesslevel	图形/图像的灰度等级	Nvarchar（20）	如 8 位、16 位

表 8-4 音频素材特有属性数据库设计

编号	中文名称	英文名称	解释	数据类型	备注
1	采样频率	sampling	数字化音频数字采样频率，以 kHz 为单位	Nvarchar（20）	如 44.1kHz
2	量化位数	quantization	数字化音频数字化过程的量化精度	Nvarchar（20）	如 8 位
3	声道数	track	数字化采样声道数	Nvarchar（20）	如单声道、双声道
4	持续时间	duration	在指定的速度下连续运行教育资源所需要的时间	Nvarchar（10）	如 1 小时

表 8-5　视频素材特有属性数据库设计

编号	中文名称	英文名称	解释	数据类型	备注
1	分辨率	resolution	视频画面的长度与宽度，以像素为单位计	Nvarchar（20）	如 800×600
2	采样频率	sampling	数字化过程的采样频率，以 MHz 为单位	Nvarchar（20）	如 8MHz
3	颜色数	color	视频的颜色数	Int	正整数，如 256
4	持续时间	duration	在指定的速度下连续运行教育资源所需要的时间	Nvarchar（10）	如 1 小时

表 8-6　动画素材特有属性数据库设计

编号	中文名称	英文名称	解释	数据类型	备注
1	分辨率	resolution	动画画面的长度与宽度，以像素为单位计	Nvarchar（20）	如 800×600
2	颜色数	color	动画的颜色数	Int	正整数，如 256
3	持续时间	duration	在指定的速度下连续运行教育资源所需要的时间	Nvarchar（10）	如 1 小时

在使用数据库存储大量数据时，经常遇到以下问题：

（1）系统中资源类型不统一（不同的资源在数据库中可能字段数不一样）；

（2）搜索这些资源时希望能统一搜索；

（3）显示这些资源时希望能统一显示在一个表格。

解决方案：主副表结构的使用。

主副表结构（数据字段）如下。

主表字段：id，title，language，nationid，description，keywords，author，creating date copyright，type，format，classed 1，classed 2，size，location，audience，learningtime，click，downloadcount，shorttitle，thumbnail。

文本素材副表字段：wordcount。

图形/图像素材副表字段：color，resolution，scanresolution，brightnesslevel。

音频素材副表字段：sampling，quantization，track，duration。

视频素材副表字段：resolution，sampling，color，duration。

动画素材副表字段：resolution，color，duration。

各种不同类型的资源中有相同的一些属性，如标志、标题、语言、民族编号、描述、关键字、作者、创建日期、版权和限制、类型、格式、分类、副分类、大小、位置、适用对象、典型学习时间、点击次数、下载次数、简略标题、缩略图等。把这些属性放在一个表中存储，方便查询，查询出结果后，通过类型来判断属于哪种资源，再根据类型判断相应的处理方法。使用这种处理方法可以使搜索和显示更加方便，而且可以方便地扩充资源类型。

二、资源分类数据库设计

由于民族教育资源分支较多，总体可看作一个树形目录结构，所以存储民族教育资源时可以采用树形目录的方式存储于数据库中，表 8-7 显示了资源分类数据库的属性设计。

表 8-7　资源分类数据库属性设计

编号	中文名称	英文名称	解释	数据类型	备注
1	标志	id	分类唯一标号	Bigint	主键，使用不同的数字进行标注
2	父节点标志	fid	当前分类的父分类的唯一标志，如果是根节点则标志为 0	Bigint	使用不同的数字进行标注
3	排序	order	分类的排序，此处按照数字从小到大排序	Int	
4	分类名称	title	分类的名称	Nvarchar（50）	

数据库中的树形结构有如下特点：①树形目录结构；②层次不一致（层数不相同）不影响整体结构；③存储于数据库。

例如，要完成如图 8-3 所示的树形目录结构。

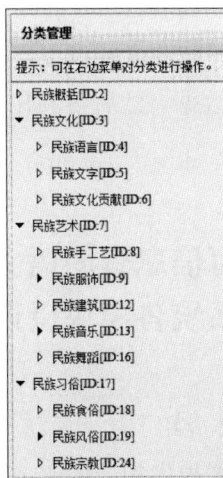

图 8-3　树形目录结构示例

解决方案：数据库中的父子结构如表 8-8 所示。

表 8-8　树形目录结构示例数据库表及数据

标志号（id）	父节点标志号（fid）	排序	分类名（class name）
2	0	10	民族概括
3	0	20	民族文化
4	3	10	民族语言
5	3	20	民族文字
6	3	30	民族文化贡献
7	0	30	民族艺术
8	7	10	民族手工艺
9	7	20	民族服饰
10	9	10	民族服装
11	9	20	民族配饰
12	7	30	民族建筑
13	7	40	民族音乐
14	13	10	民族器乐
15	13	20	民族民歌
16	7	50	民族舞蹈
17	0	40	民族习俗
18	17	10	民族食俗
19	17	20	民族风俗
20	19	10	民族礼仪禁忌
21	19	20	民族婚俗
22	19	30	民族殡仪
23	19	40	民族节日
24	17	30	民族宗教

当要读取出使用时，使用递归的方式读取，读取数据库时读取这个树形目录结构的整张表或指定的特定数据，然后再利用程序进行递归，减少对数据库的读取次数，可以提高效率。

第三节　民族教育信息资源语义检索和知识服务系统各模块设计

在语义检索模型设计中大体介绍了检索系统需要的各个模块，在本系统中，除了检索，也要能为资源使用者提供相应的服务，所以在此介绍本系统中各个模块的设计。

一、本体管理模块的设计与开发

在创建"民族资源"的本体时，主要考虑了"民族居民"和"民族资源"两个方面。利用 Protégé 3.4 建立了"民族资源"的领域本体，如图 8-4 所示，其描述语言使用 OWL-DL。

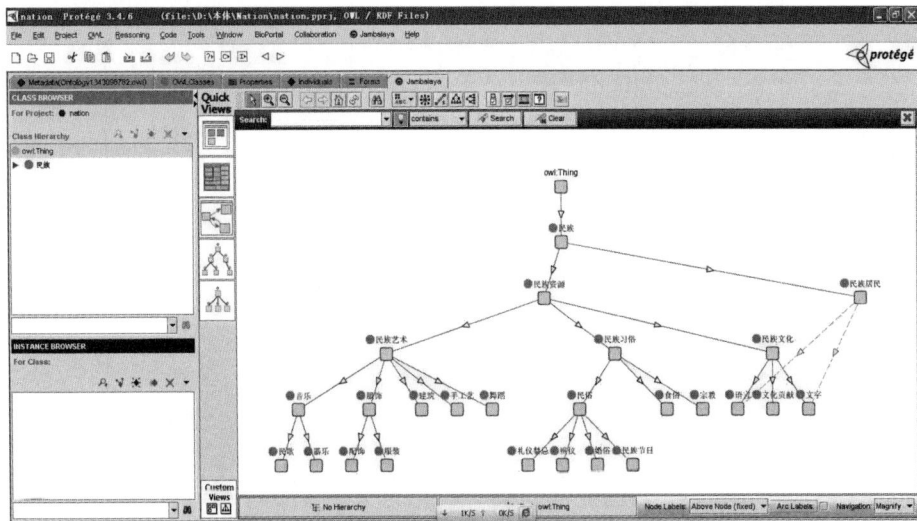

图 8-4　利用 Protégé 3.4 创建的"民族资源"领域本体

二、资源处理模块的设计与开发

本系统为了实现对与"民族资源"相关的"民族文化""民族艺术"和"民族习俗"等方面的文档进行检索，收集了网上关于"民族资源"的文字、图像、音频、视频和动画等信息作为本系统资源库中的资源。

网上收集的信息要规范之后才能入库，网上收集的相关资源可能缺失某些属性，所以要补全相关属性。图 8-5 显示了本系统中关于资源管理的界面。

添加各种资源的界面相差不大，这里不再一一展示。"资源列表"界面如图 8-6 所示。

为了实现资源共建共享，不止是系统的管理员可以添加资源，其他用户也可以通过注册后添加资源。有区别的是，普通用户添加资源后，必须由管理员审核后才能入库，然后才能在前台显示。如图 8-7 所示，有一个未审核资源列表，添加进去的资源需要审核操作。

图 8-5 "添加文本资源"界面

三、民族管理模块的设计与开发

在本系统中,为了能标注不同民族的资源,设计了民族管理模块,一个资源可以为多个民族所共有。本系统中民族可以根据需要自由添加、修改和删除。图 8-8 为不同的民族列表。

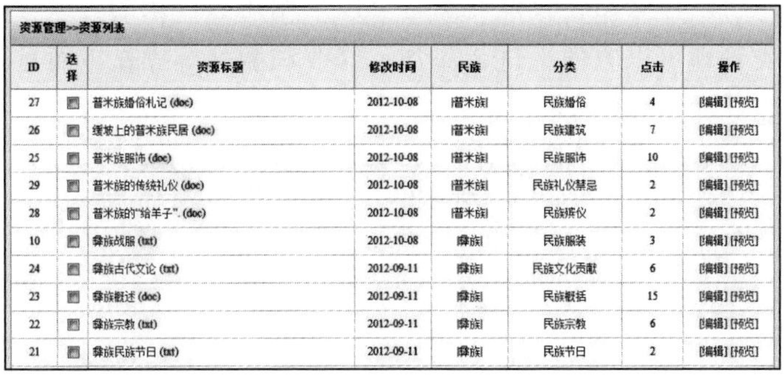

资源管理>>资源列表

ID	选择	资源标题	修改时间	民族	分类	点击	操作
27		普米族婚俗礼记 (doc)	2012-10-08	[普米族]	民族婚俗	4	[编辑] [预览]
26		缓坡上的普米族民居 (doc)	2012-10-08	[普米族]	民族建筑	7	[编辑] [预览]
25		普米族服饰 (doc)	2012-10-08	[普米族]	民族服饰	10	[编辑] [预览]
29		普米族的传统礼仪 (doc)	2012-10-08	[普米族]	民族礼仪禁忌	2	[编辑] [预览]
28		普米族的"给羊子". (doc)	2012-10-08	[普米族]	民族葬仪	2	[编辑] [预览]
10		彝族战服 (txt)	2012-10-08	[彝族]	民族服装	3	[编辑] [预览]
24		彝族古代文论 (txt)	2012-09-11	[彝族]	民族文化贡献	6	[编辑] [预览]
23		彝族概述 (doc)	2012-09-11	[彝族]	民族概括	15	[编辑] [预览]
22		彝族宗教 (txt)	2012-09-11	[彝族]	民族宗教	6	[编辑] [预览]
21		彝族民族节日 (txt)	2012-09-11	[彝族]	民族节日	2	[编辑] [预览]

图 8-6　“资源列表”界面

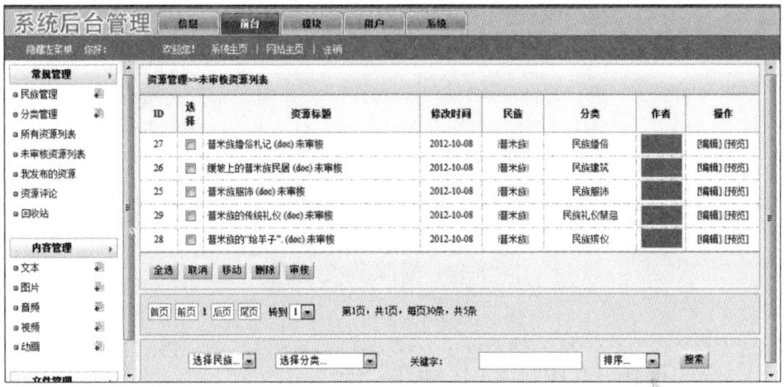

图 8-7　资源审核列表

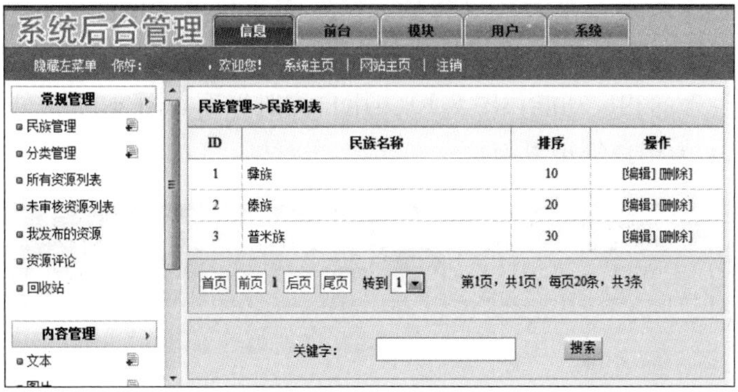

图 8-8　民族列表

四、资源分类管理模块的设计与开发

在前面的章节介绍过资源分类的数据库设计，可以把整个分类看作一个树形目录结构。所以存储民族教育资源时可以采用树形目录的方式存储于数据库中。资源分类管理可以方便地进行添加、修改和删除等操作，而且可以方便地管理子类信息，如图 8-9 所示。

图 8-9　资源分类管理

五、用户管理模块的设计与开发

本系统为了实现资源的共建共享，设置为非管理员用户可以注册为会员，也可以添加资源，但是需要管理员审核通过才能呈现给其他用户。所以系统中必须有用户管理的相应功能，图 8-10 为用户注册界面，图 8-11 为外部用户功能菜单，图 8-12 为用户管理界面。

图 8-10　民族教育资源库注册界面

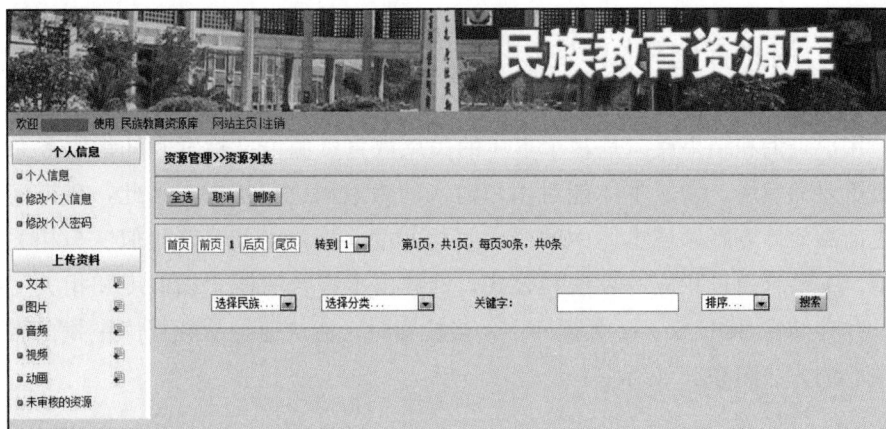

图 8-11　外部用户功能菜单

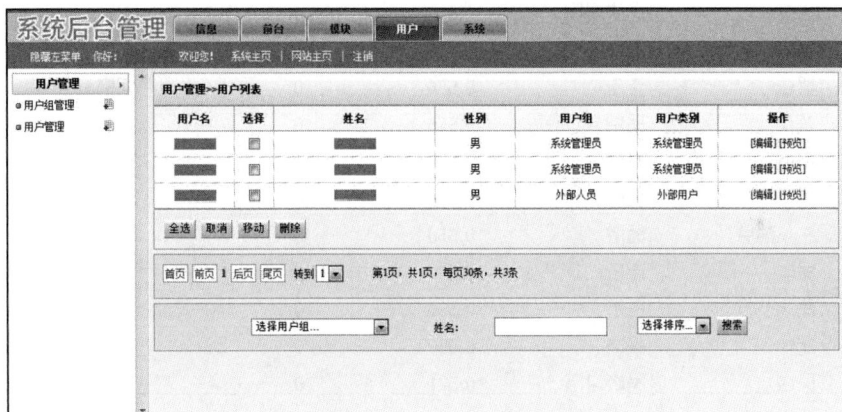

图 8-12　用户管理界面

六、Lucene 检索引擎模块的设计与开发

本系统利用 Lucene. Net 为资源库建立了索引，建立索引后，可以再利用 Lucene. Net 检索引擎对索引库进行关键字匹配的全文检索。系统为用户提供了两种查询方式：一种是用户输入查询语句，系统通过使用 ShootSeg 分词得到检索词，返回分词结果给用户；另一种是输入检索词，通过本体进行语义扩展后得到多个词的组合，返回结果给用户。

七、用户查询和知识结果展示模块的设计与开发

用户查询和结果反馈是基于本体的民族教育资源语义检索和知识服务系统中最重要的模块。领域本体能对用户输入的检索词进行扩展，因此，在查询扩展之前需要计算好领域本体中的概念间相似度、相关度及综合相似度与相关度的值。本系统通过相应的算法和公式，计算出了综合的概念相似度和相关度的值，并存储在 SQL Server 数据库中，当检索时，能快速地从数据库中找出需要扩展的词，如图 8-13 所示。

	class1	class2	sim	rel	sim_rel
▶	文字	语言	0.429	0.6	0.772
	文字	民族居民	0.079	0.75	0.77
	语言	民族居民	0.079	0.75	0.77
	器乐	音乐	0.556	0	0.556
	殡仪	民俗	0.556	0	0.556
	服装	服饰	0.556	0	0.556
	婚俗	民俗	0.556	0	0.556
	礼仪禁忌	民俗	0.556	0	0.556
	民歌	音乐	0.556	0	0.556
	民族节日	民俗	0.556	0	0.556
	配饰	服饰	0.556	0	0.556
	民俗	民族习俗	0.521	0	0.521

图 8-13　SQL Server 数据库中存储的概念间的相似度和相关度

本系统按照以下步骤进行检索：

（1）预先计算领域本体中相关概念间的相似度和相关度，并存储于数据库的表中，方便检索时调用。

（2）用户输入检索词，系统把用户输入的检索词放在之前计算好相似度和相关度的数据表中进行比对，选出与之相似度和相关度较高的词，返回这些词。比如，用户输入"民族服饰"，"民族服饰"概念包括"服装"和"配饰"，这时经过数据表中的比对，返回包括"民族服饰"在内的三个概念。

（3）将扩展后的查询词放入资源库索引中进行检索，并返回相关文档信息列表，由用户点击相应的文档进行查看，如图 8-14 和图 8-15 所示。

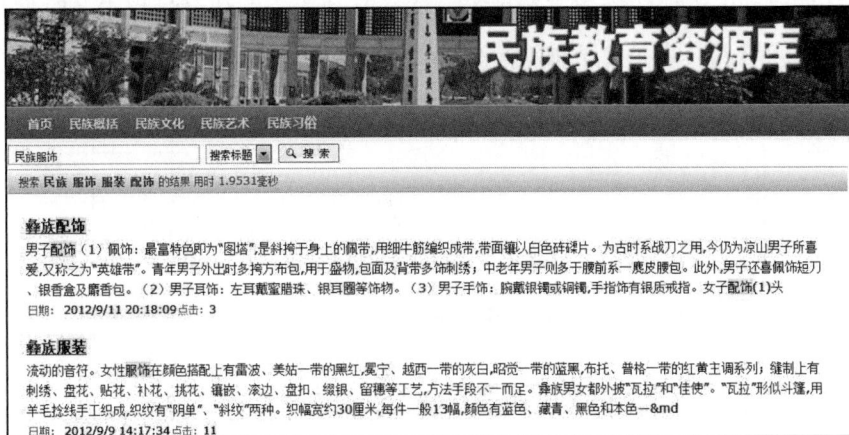

图 8-14 检索结果

图 8-15 结果展示模块

八、资源评论模块的设计与开发

为了能让更多的人参与到资源的共建共享中，用户除了能添加和查看资源外，还能对别人添加的资源进行评论，这样有利于资源建设过程中及时发现问题和解决问题，资源评论界面如图 8-16 所示。

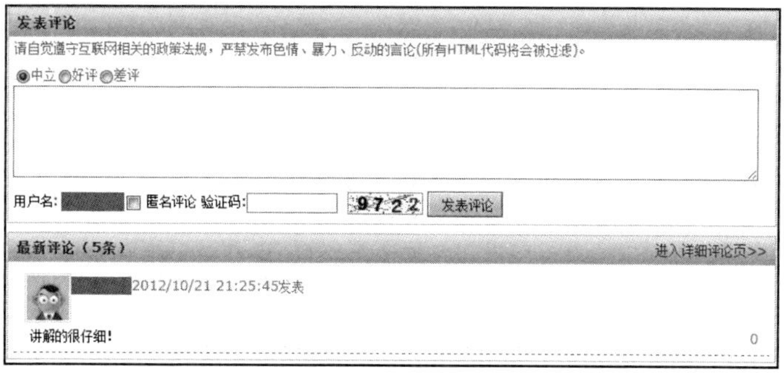

图 8-16　资源评论界面

用户评论资源后，管理员就能查看到用户的评论，并可以对留言进行回复，以及时答复评论者的评论，和用户进行交互。图 8-17 为资源评论管理员编辑界面，图 8-18 为资源评论管理界面。

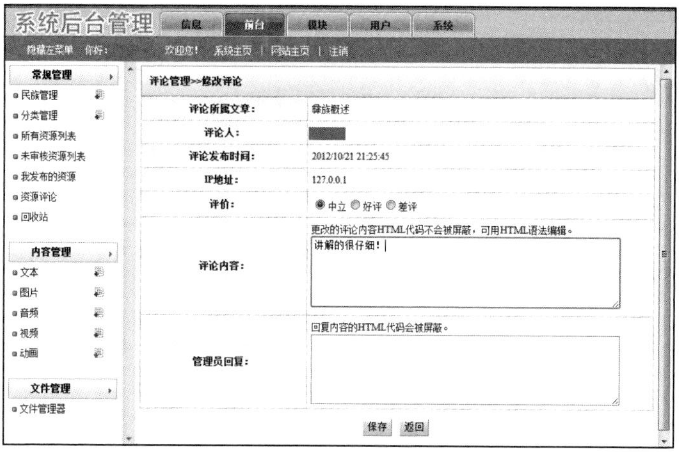

图 8-17　资源评论管理员编辑界面

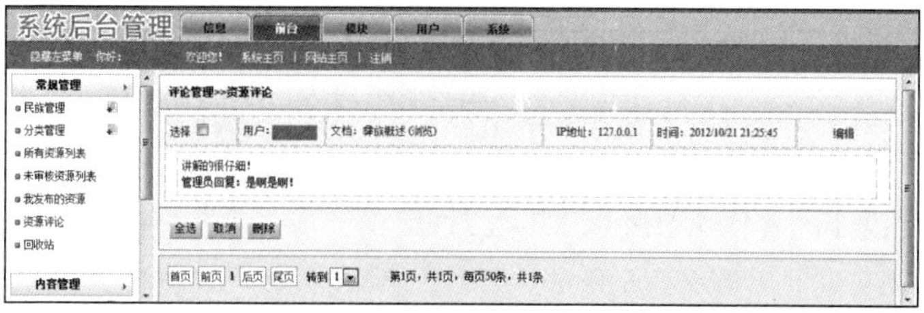

图 8-18　资源评论管理界面

　　管理员回复之后，前台便会用红色显示出管理员的回复，让资源评论者及时看到，示例如图 8-19 所示。

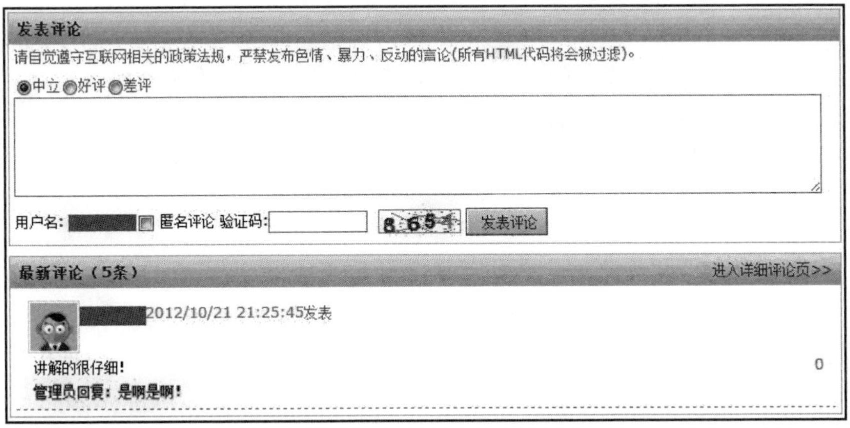

图 8-19　资源评论界面（带管理员回复）

第四节　本 章 小 结

　　在前面几个章节相关理论及模型的基础上，本章设计开发了一个民族教育信息资源语义检索和知识服务系统。具体地，构建了民族教育信息资源语义检索系统各功能模块、流程及执行步骤，设计了民族教育信息资源数据库，并完成了系统各功能的设计、开发及测试。本系统初步实现了本体库处理与维护、检索模块、本体库与数据库映射模块及检索结果反馈模块、数据库后台数据维护等模块，同时，对获取的检索结果与传统关键词匹配的结果进行了分析与比较，验证了语义检索系统的准确性。

第九章

民族教育信息资源个性化服务用户模型

个性化服务的形式多种多样，但无论何种形式，首先都需要了解用户的需求，亦即用户建模。只有知道用户需要什么信息，才能据此提供特定的个性化服务。个性化服务的质量好不好，跟用户建模技术的好坏有很大关系，用户建模并非对用户信息进行简单的描述。随着信息技术的发展，国内外对用户建模技术的研究已经有了很大的进展，在理论和应用上都有了很大的发展。本章针对民族教育信息服务，在介绍用户模型相关理论的基础上，分析并提出了适合建立民族教育信息资源个性化服务用户模型的方法——基于本体的方法，构建了基于本体的民族教育信息资源用户兴趣模型。

第一节 用户模型概述

一、用户模型

对个性化服务来说，了解用户的需求最为关键。从用户的兴趣和行为信息中分析归纳出可计算的用户模型的过程，就是用户建模。它就是一个描述用户兴趣特征和用户之间的关系的过程。吴丽花和刘鲁[1]认为用户建模是系统获取并更新用户特征和需求等信息，并产生描述该用户兴趣的用户模型的过程。Enrique Frias-Martinez 等[2]认为用户模型可以获取到用户的特征、兴趣爱好、需求

---

① 吴丽花，刘鲁. 个性化推荐系统用户建模技术综述. 情报学报，2006，25（1）：55-56.
② 杨金侠. 个性化服务中基于 Tag 的用户模型研究. 合肥：中国科学技术大学硕士学位论文，2011.

等行为信息。

用户模型就是一个信息结构，这个结构至少含有以下几点中的一点：①能够记录用户的行为；②能够描述一个或一类用户的兴趣爱好和需求等；③能够根据用户信息形成关于用户特征的假设；④能够找出用户之间的异同点，并进行分类。

综上所述，用户模型就是对一个或一类用户的描述，描述用户的兴趣爱好、需求等相关信息。因此，要想构建好的用户模型，首先就必须获取用户的信息，并分析用户的行为，然后将用户的兴趣爱好准确地表征出来。

二、分析用户行为[①]

从心理学的角度来看，一个人的行为在某种程度上能够反映出其兴趣和爱好。如果用户在某个页面停留的时间较长或收藏了该页面，则可以根据用户的这些浏览行为来判断用户喜欢什么样的资源，找出用户的资源需求，建立用户模型。T. P. Liang 和 H. J. Lai 指出，用户对网页的喜爱程度可以由用户在该网页停留的时间长短来决定。孙林山[②]认为，使用科学的方法来分析用户的浏览行为，并找出用户行为中隐含的规律，是提高个性化服务质量的一个关键点。曾春[③]等认为，用户的兴趣爱好往往体现在用户的浏览行为中。

综上所述，用户的兴趣，在某种程度上，可以从用户的浏览行为中体现出来。目前，关于这种通过分析用户的行为来建立用户模型的研究，也有了一定的发展，主要提出了两种模型，即基于单一行为和综合行为的用户模型。虽然这些用户模型显示了用户兴趣，但也存在一些问题。一方面，基于用户行为建模的关键，就是如何把用户行为量化为用户的兴趣度，目前虽然有一些比较简单的方法，但是不能将用户的所有行为量化为兴趣度，用户兴趣的描述准确率不高；另一方面，有些能够体现用户兴趣的行为获取难度较大，很多关键技术还没有突破，致使用户行为建模的实际应用情况不好。

目前，关于用户建模的信息来源，主要有用户的浏览行为（包括页面访问时间、页面停留时间、资源交易、页面收藏等信息）、搜索的关键词、用户的注

①　杨金侠. 个性化服务中基于 Tag 的用户模型研究. 合肥：中国科学技术大学硕士学位论文，2011.

②　孙林山. 我国信息用户需求和信息行为分析研究综述. 图书馆论坛，2006，26（5）：41-44.

③　曾春，邢春晓，周立柱. 个性化服务技术综述. 软件学报，2002，13（10）：1952-1961.

册信息、服务器日志等几个方面。用户建模的质量好坏，和选取的用户信息类型有着非常重要的关系。因此，在构建用户模型时，一定要选择能够真实反映用户兴趣的数据信息，这样才能保证用户模型的准确性。

三、采集用户兴趣

用户兴趣的采集为用户建模提供重要的数据。所谓用户兴趣的采集，就是通过某种方式获得能够体现用户兴趣的相关信息的过程。关于用户兴趣采集的方式，有显式采集和隐式采集两种。

显式采集需要用户的参与，由用户主动提供相关信息。隐式采集则不需要用户的参与，它主要通过分析用户的浏览行为等信息来采集用户的兴趣。两种采集用户兴趣方式的对比见表 9-1。

表 9-1　隐式采集和显式采集信息方法的比较[①]

采集方式	定义	优点	缺点
显式采集	要求用户在建模初期根据系统提示，人工提供表示其兴趣偏好的各种信息数据	采集信息的方法比较简单，获得的是直接反映用户兴趣的词或相关特征，能方便、准确地建立用户模型	要求用户不但要明确知道自己的目标，而且要积极参与，明确写出自己的爱好，这样会花费很多时间和精力
隐式采集	不需要用户参与，不会干扰用户的正常活动。用户的一些操作或浏览行为，如搜索关键词、下载、收藏等都属于隐式反馈	自动采集用户兴趣信息，不增加用户的负担，比显式反馈更可行	获得的数据中可能包含一些冗余甚至错误的信息，增加用户建模的难度，降低建模的准确度；即便采集了准确的信息，如何将这些信息量化成用户的兴趣度，如何区分用户短期和长期兴趣，都是非常重要而难以解决的问题

从表 9-1 可以看出，显式采集用户信息要求用户参与，会干扰用户的活动，而隐式采集用户信息则不会干扰用户，它主要是通过分析用户的一些操作和浏览行为，从而得到能够描述用户兴趣的信息。

四、用户模型表示

个性化服务质量的好坏，关键取决于系统是否能够获取用户真实的兴趣爱

---

① 杨金侠. 个性化服务中基于 Tag 的用户模型研究. 合肥：中国科学技术大学硕士学位论文，2011.

好，而是否能够获取用户真实的兴趣爱好，关键在于用户模型好不好。目前，关于用户模型的表示方法有很多，下面简单介绍在个性化服务中常用的一些用户模型的表示方法。

（一）基于关键词来表示用户模型

将用户注册时提供的关键词或者搜索的关键词，用来表示用户兴趣，这种表示方法就是基于关键词来表示用户模型。比如，用户喜欢白族习俗和服饰，则用户模型表示为〔白族、习俗、服饰〕。

此种方法比较简略，不能将用户对资源的兴趣度表示出来，因为用户对不同资源的兴趣度不一样，这样，就不能描述用户对不同资源的喜爱程度。

（二）基于向量空间来表示用户模型

目前，在推荐和检索领域，基于向量空间来表示用户模型，是最常用的一种用户模型表示方法。在向量空间模型中，资源用向量来表示，用户模型则用 N 维向量来表示：

$$U_i = \{ (w_1, r_1), (w_2, r_2), \cdots, (w_n, r_n) \} \tag{9-1}$$

在式（9-1）中，U_i 为第 i 个用户的兴趣模型，w_i 为用户兴趣的第 i 个关键词，r_i 为关键词在资源 R 中的权重。一般来说，我们用布尔值或实数来表示权重，布尔值表示用户对某个资源是否感兴趣，实数表示用户对某个资源的兴趣度。

比如，一个用户对彝族音乐、彝族舞蹈感兴趣，对傣族的舞蹈不感兴趣，这时，根据式（9-1），我们可以将该用户的兴趣 U 表示为

$$U = \{ （彝族音乐，1），（彝族舞蹈，1），（傣族舞蹈，0）\}$$

基于向量空间来表示用户模型，能够描述用户对资源中不同的关键词的兴趣度，方便了后续对推荐资源的排序，但也存在一些问题。比如，随着用户浏览资源的增多，系统获取的关键词也逐渐增加，系统在进行资源推荐时需要进行的匹配运算强度也随之增大。另外，用户的兴趣也是不断变化的，系统获取的有些关键词可能并不能反映用户的兴趣，这样就会使用户模型的准确率降低。

（三）基于评分矩阵来表示用户模型

此种用户模型比较直观，就是用一个 $A_{m \times n}$ 的矩阵来表示用户兴趣模型，其

中，m 指用户的数量，n 是用户可能感兴趣的资源数目，矩阵中元素是用户 i 对资源 j 的评分。一般来说，用户对某种资源的评分越高，则说明用户对该资源越感兴趣，这种方法经常运用于协同推荐系统中。

基于评分矩阵来表示用户模型，比较方便易懂。但是，这种方法需要用户的参与，也就是说需要用户对资源进行评分，这就比较难以控制。而当用户的兴趣发生改变后，以前的评分可能就变得没有意义了，用户模型的更新比较复杂。

（四）基于本体来表示用户模型

本体属于哲学范畴的一个概念，现在逐渐运用到了计算机领域。本体是关于特定知识领域内各个元素及它们的特征之间可能存在的关系的理论。

通常，我们采用概念树的形式来表示用户兴趣的本体。一个节点表示用户的一个兴趣点，父节点表示用户兴趣的大类，子节点表示细分的用户兴趣。父节点和子节点之间存在多种关系。此种用户模型表示方法能够最大化地实现资源的重复利用和共享，但是，由于本体领域的构建，对设计者的专业领域知识要求比较高，不能保证本体设计的有效性。

基于本体表示用户模型能够最大限度地实现知识的共享和重用，但是本体设计问题是本体论系统普遍具有的问题。由于本体设计对设计者的专业领域知识和经验要求较高，本体设计的有效性难以保证。

总的来说，目前的一些用户模型表示方法，大多数采用关键词或关键词向量空间模型。这些方法计算简单，在某种程度上都能描述用户兴趣，实现了个性化服务，但是在准确描述用户兴趣方面还有一些缺陷。本体，作为领域概念化的模型，能够明确地描述领域涉及的概念、概念之间的联系，为简单的术语赋予明确的背景知识，适合民族教育信息资源这种复杂概念的信息表征。

五、用户建模技术分类

根据用户参与度，可以将用户建模技术分为手工定制建模、示例用户建模和自动用户建模三类，三种建模技术的对比详见表 9-2。

表 9-2　用户建模技术的比较[①]

用户建模技术	定义	优缺点
手工定制建模	用户手工输入或选择的建模方法，如用户手工输入感兴趣的关键词、资源类别等。手工定制建模是个性化服务发展早期的主要建模方法，如 My Yahoo 是使用手工定制建模的典型代表	手工定制建模技术容易实现，具有较好的效果，但是这种技术完全依赖于用户，容易降低用户的积极性；其次，即使用户愿意手工输入，也难以全面、准确地列举出自己感兴趣的信息，如果兴趣发生变化，必须重新及时手工输入新的兴趣，这都会导致模型不够准确
示例用户建模	用户提供与自己兴趣相关的示例及其类别属性，系统通过学习算法得到用户模型。一般要求用户在浏览网页的过程中对页面标注是否感兴趣或者感兴趣程度来得到用户建模的示例	与手工定制建模相比，示例用户建模降低了对用户依赖的程度，提高了系统的可用性，但是如何从得到的示例中抽取表示用户兴趣的关键词，准确表达和捕捉用户的兴趣特征而又不增加系统开销，是一个需要研究的课题
自动用户建模	不需要用户参与，系统自动根据用户访问的网页内容和用户的操作行为构建用户模型的技术	自动用户建模方法把示例建模技术获取特征文档的途径转化为自动获取示例，无需用户主动参与，不会影响用户的正常浏览，更容易提高个性化服务系统的可用性，但是用户兴趣的自动聚类是自动用户建模中需要解决的重难点问题

第二节　民族教育信息资源用户信息行为的获取

要提供个性化服务，就必须了解用户的信息行为，也就是说，提供个性化信息服务，是以了解用户需求为基础的。本节主要介绍民族教育信息资源个性化服务平台建设中如何获取和分析用户的信息行为。

一、用户信息行为获取

要为用户提供个性化服务，首先要获取用户兴趣，理解用户行为，进而了解用户需求。一般来说，我们都是通过收集用户信息并对这些信息进行分析研究，来了解用户的信息需求的。

---

① 杨金侠. 个性化服务中基于 Tag 的用户模型研究. 合肥：中国科学技术大学硕士学位论文，2011.

（一）用户主动提供相关信息

这种方法需要用户的参与，主要是在用户注册时，要求用户人工填写自己感兴趣的信息领域，目前，大部分网站在用户注册时，都会要求用户主动填写相关信息。这种方法获取用户的兴趣比较直接，既简单又方便。但是它也存在一些缺陷，比如，用户填写比较随意，可能不填写，也可能随意填写，这样收集到的信息，有可能并不代表用户的兴趣和需求。另外，用户的兴趣会随着时间和环境的变迁而改变，需要用户再次填写来确认用户新的兴趣点，干扰了用户的正常活动，个性化服务效果较差。

（二）系统自动获取用户信息

通过数据挖掘等技术，系统自动搜集用户信息，并对搜集到的信息进行分析，进而得到用户的兴趣需求。自动获取用户信息的主要方式有分析用户的浏览记录、搜索关键词、资源定制信息等，这种方式不会干扰用户的访问，在节省了大量人力资源的同时，也提高了获取信息的准确率，但是这种方法的设计比较繁杂。目前，大多数个性化服务系统中都采用此种方式搜集用户信息。

（三）分析用户浏览记录

将用户所浏览的网页的关键词、页面停留时间和页面访问频度等信息记录下来，通过分析这些关键词、页面停留时间和访问频度来确定用户对某种资源的兴趣程度，进而得到用户的兴趣需求。当用户进入网站，系统就自动跟踪用户进行相关记录，直到用户跳出该网站为止。在跟踪过程中，系统为每一个用户创建一条记录，存储上述记录的信息，待系统后续分析时使用。此种方法容易实现，但随着用户的浏览记录的增多，记录的数据也会比较庞杂，同时，用户的兴趣也会动态改变，因此，这样分析出的用户兴趣的范围就会越来越大，并不能动态更新用户的兴趣。

（四）分析用户搜索关键词

将用户搜索的关键词、搜索的频度、搜索时间等数据记录下来，并对这些记录进行分析，分析搜索关键词之间的关联、各种搜索策略的相关性等，进而得到用户的兴趣爱好。这种方式比较准确，但是分析处理比较麻烦，需要有很好的分析算法。

（五）分析用户资源定制信息

资源定制信息，是用户主动提供的信息，是用户兴趣最直接的反映。将用户的资源定制信息提取出来，分析其中的关键词，然后加以聚类、关联分析等。例如，某个用户的订阅记录为彝族舞蹈、傣族舞蹈、彝族音乐，提取出的关键词为彝族、傣族、舞蹈、音乐，通过简单分析，我们可以得出用户主要对彝族和舞蹈这两个关键词感兴趣，此种方式能够准确地获取用户的兴趣需求。

二、用户信息行为收集中应注意的问题

用户信息行为收集过程中应该注意的问题主要有两个：隐私保护问题和信息行为研究的评价。

（一）隐私保护问题

在用户信息行为研究中，要充分考虑用户的隐私问题。并不是所有的用户都会喜欢"主动"服务，每次当用户打开电子邮箱时，就看到一大堆信息，尽管可能与用户兴趣相关，但用户也有可能会感到厌烦。因此，任何网站首先需要考虑的是用户是否接受这种主动服务，解决的办法就是提供给用户选择的机会，只有那些接受主动服务的用户才是服务对象，否则会影响服务的效果。

另外，网站在记录用户的信息时，要注意保护用户的隐私，加强网站的网络安全管理，以防泄露用户信息。

（二）信息行为研究的评价问题

搜集用户信息的方法有很多，并不是每一个资源服务平台在分析用户信息需求时，都需要将所有的方法都用到，这是不必要的也是不可能的，每次只需选择其中几种方法进行信息搜集，并且要建立一套评价反馈机制，从而使该项工作高效率地进行。评价的方法主要是通过了解用户的满意度，来评价个性化服务的效率。了解用户满意度有两种方法，即用户调查法和用户利用率分析法，如果用户利用率高，则说明个性化服务有一定的效果。通过评价，可以调整研究用户信息行为的方法。

第三节　基于本体的民族教育信息资源用户兴趣模型

在现有的用户模型表示方法的基础上，将本体建模的思想融入到用户模型构建中去。以空间向量表示用户模型，以本体概念作为向量的特征项，建立基于本体的用户兴趣模型。

一、基于本体的用户模型架构

民族教育信息资源个性化服务包括记录用户行为、获取用户需求、更新用户兴趣、提供个性化推荐等过程。图 9-1 为个性化服务的实现过程。

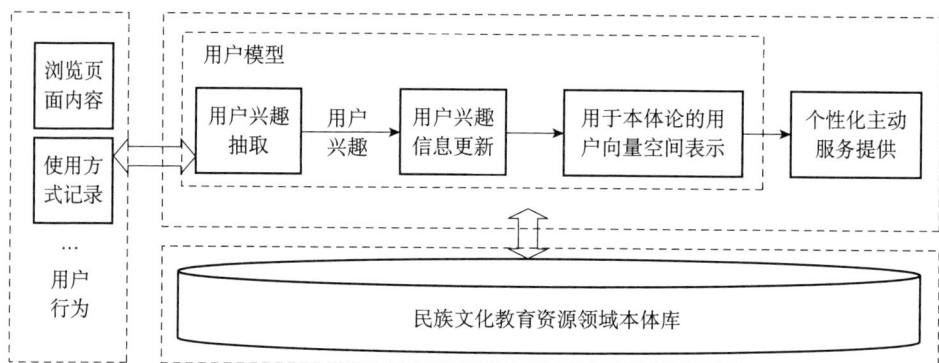

图 9-1　基于本体的民族教育信息资源个性化服务过程

要实现用基于本体论的向量空间来表示用户模型，首先要建立表示民族教育信息资源的领域本体库，因为系统需要对民族教育信息资源领域的本体和概念等数据进行分析计算，在运算过程中，也要和民族教育信息资源领域本体库进行交互。

从图 9-1 中可以看出，通过对用户主动提供的信息和系统自动获取的信息进行分析，获取用户兴趣，得到用户的信息需求。随着用户浏览行为的变化，通过用户兴趣更新算法，对用户兴趣模型不断进行更新。用户模型的构建和更新是一个不断循环更新的过程，及时获取用户的兴趣需求，为用户提供量身定制的服务。

二、民族教育信息资源领域本体构建

民族教育信息资源领域本体的构建需要从两个层面来考虑并最终实现：一是普遍性，应满足本体库的一般性功能，能理清概念、概念的性质及概念之间的关系并系统化，以解决基于语义的知识获取问题，甚至解决相关领域的实际问题和具体实践问题；二是特殊性，由于最终要应用到教育教学，应体现出教育领域所具有的特质，即在相关学习理论的指导下，对资源进行科学的组织与整合，来促进学习者的知识内化和深度学习，培养学生学会学习的重要技能，这是此本体与一般的领域本体的重要区别。

（一）需求分析

（1）本体领域的范围。以民族教育信息资源为研究对象，试图建立民族教育信息资源领域本体库。

（2）构建本体的目的。获取民族教育信息资源中大家所认可的共同知识点，建立相关关系，形成层次清晰的知识体系，为后续的应用提供底层数据和资源。

（3）本体目标用户。一是使用者，包括学生、教师、大众；二是开发者，包括领域专家、本体开发人员、本体维护人员等。

（二）构建工具

描述语言、工具的选择：采用 W3C 推荐的 OWL 语言作为描述语言，Protégé 作为开发工具。

（三）搭建本体框架

本体框架阶段是本体库构建中的核心部分，需要领域专家的参与及指导来保证语义的准确与完整，需要开发人员细致地工作来提供技术支持。它能直接影响到本体形式化的具体实现、评价的结果，甚至是后续本体的进化与学习。

1. 民族教育信息资源领域知识概念的获取[①]

在知识概念获取之前，我们需要先了解知识的基本类型。不同的教育学者

根据不同的维度对知识的分类是不同的，本书所采用的是现代认知心理学家安德森的 ACT-R 理论①，将知识分为关于事实的陈述性知识（declarative knowledge）和关于如何完成各种认知活动的程序性知识（procedural knowledge）两种。在民族教育信息资源领域的知识中，有哪些民族、有哪些宗教、人口数是多少、聚集地分布在哪里等属于陈述性知识；民族舞蹈的学习需要先掌握基本舞步，然后根据音乐将舞步串联，并加入个人情感，属于程序性知识。这两种知识之间是相互联系的，陈述性知识是基础，同时程序性知识的获得有助于学习新的陈述性知识。

确定本体的目的和范围后，便可从资源库中提取关键词汇，这类词汇是民族教育信息资源本体中用来表达知识的术语，可能成为概念类、属性类或实例。通过相关专家的指导和书籍的参考、研究可得到部分词汇，包括民族概述、人口、人种特征、分布地、聚居地、散居地、发祥地、组成、分支、历史、物质文化、手工艺、建筑、寺塔建筑、民居、服饰、男子服饰、女子服饰、头饰、手饰、饮食、日常饮食、礼仪、精神文化、历法、宗教、语言、文字、艺术、文学、美术、舞蹈、音乐、宗教音乐、民间音乐、民间戏曲、民间歌舞、孔雀舞、民间说唱、语言、风俗、婚俗、丧葬、节日等。

这些词汇集合中可能会存在语义上的重叠或属性无法确定，我们根据实际情况在类的确定及属性设置的过程中进行严格控制，对原有词汇进行添加、删除、修改等，在实现过程中发现民族教育信息资源领域中陈述性知识多于程序性知识这一特性。

2. 民族教育信息资源领域知识本体中概念类及类的层次结构

本体概念是广义上的概念，它既可以是一般意义上的概念，也可以是任务、功能、行为、推理过程等，这些概念通常会构成一个分类层次。其中，高层的类代表着最抽象的实体概念。由于类具有继承性，所以子类继承了其父类的抽象特征。知识间的继承性能使知识库中的知识具有较小的冗余度，并使知识具有良好的重用性、共享性。比如，在 OWL 中所有的个体都是类（OWL：Thing）的成员、用户自定义的类都是（OWL：Thing）的一个子类，如"彝族"是"少数民族"的子类，并且会继承"少数民族"的属性与规则。

---

① 王丽丽，曹存根，顾芳，等. 基于本体的民族知识获取与分析. 计算机科学，2003，11（30）：48-49.

　　本书在选择类时基于三个方面加以考虑：一是基础要求，从最初的词汇集合中，根据该词汇是否可以描述抽象的实体概念、是否代表着一类具有共性的实例的对象来判断；二是学习理论要求，基于建构主义学习理论和层次网络模型的信息加工理论，我们需要考虑知识点本身的概念性质和联系，形成层次网络的体系结构；三是权威性要求，参考书籍《民族文化传承与民族基础教育课程改革》对民族文化的划分（物质文化、精神文化、制度与习俗的具体定义）。

　　对于应用到民族教育信息资源领域的知识，整理出顶级概念类 16 个，即社会、历史、地理、经济、思想、风俗、风景名胜、教育、科技、文化艺术、医疗卫生、体育娱乐、语言文字、人物、文物、典籍论著等主体模块；二级概念类几十个，即人口、现代建制、地方性法律法规、族称、族源、历史建制、职官、典章制度、历史事件、地理位置、地质地貌、山脉、河流水系、气候、自然资源、传统农业经济、现代农业经济、工业、商业、交通运输、金融、通信、原始宗教、多神崇拜、祭祀、占卜、忌讳、辟邪、外来宗教、饮食、服饰、民居、婚姻家庭、器用、生产、乡规民约、节日、禁忌、丧葬、自然景观、人文景观、传统教育、现代教育、传统科技、现代科学技术、民间文学、作家文学、音乐、乐器、舞蹈、美术、影视、文化艺术团体、民间常用药物、传统诊疗方法、常用外治理疗法、常见疾病治疗、传统体育、民族体育、现代体育、文字创制、字、词、句、语音、语法、双语教育、政治人物、军事人物、教育人物、艺术人物、古建筑、器具、壁画崖画、教育书籍、艺术书籍、医疗书籍；三级概念类上百个等。这些基本的概念类可以完全覆盖民族教育信息资源的所有知识点。

　　民族教育信息资源领域本体中概念类层次划分如图 9-2 所示，该图为民族教育信息资源领域本体概念层次的一部分。图 9-2 所示的民族教育信息资源的层次划分具有以下优势：一是覆盖了所有的傣族音乐形式，是完整性的体现；二是满足了扩展的灵活性，有关类的树状层次结构方便增加新的类，为以后可能会出现的概念类提供了基础，并支持在此基础上定义新的术语而不会改变已有类；三是清晰性的体现，作为类的提取和层次划分的依据"类型"，特指领域资源的表现形式，并不包含由谁创作、属于哪个少数民族等其他特征，这样不会有歧义；四是一致性的体现，子类和概念的定义是一致的，处于同一类别下的概念和属性不会发生冲突。

　　将概念类和层次结构添加到本体构建工具 Protégé 中，如图 9-3 所示。

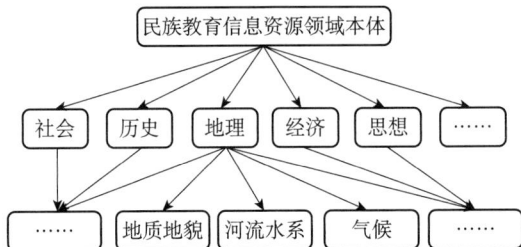

图 9-2　民族教育信息资源领域本体分类及层次划分

图 9-3　Protégé 中风俗类及层次划分

　　依据类层次划分的基本原则，对民族教育信息资源领域知识点概念类进行层次结构划分，形成本体类的树状结构，如图 9-4 所示。

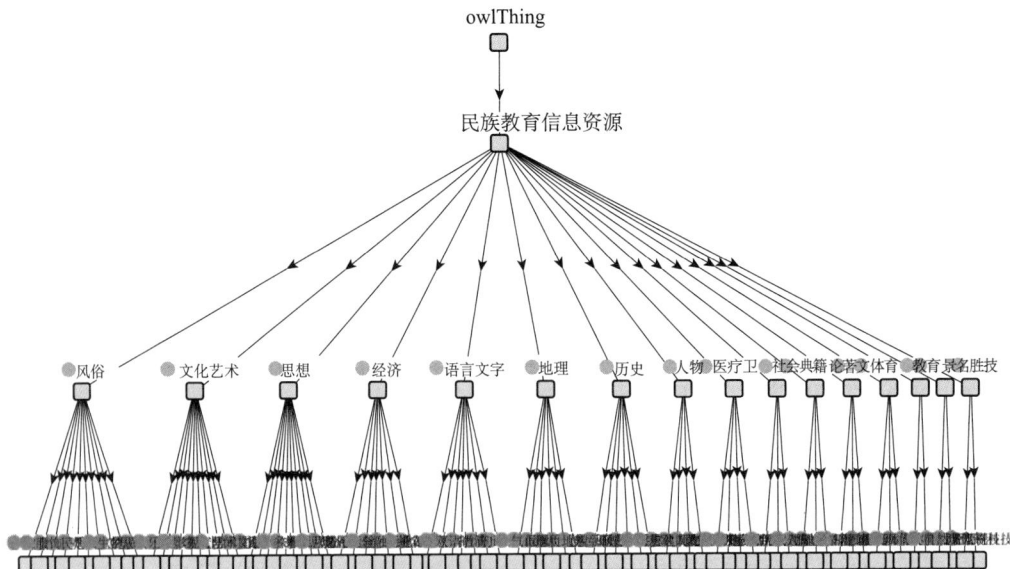

图 9-4　民族教育信息资源领域本体类及层次划分

将图 9-4 的类及层次结构添加到 Protégé 中，如图 9-5 所示。

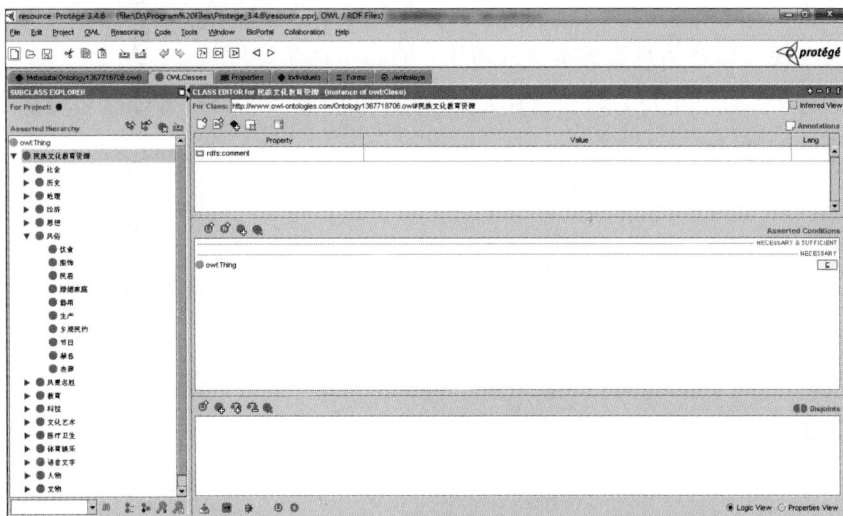

图 9-5　Protégé 中民族教育信息资源领域知识点本体中类及类的层次划分

三、基于本体的用户模型表示方法

本体是通过对概念、术语及其相互关系的规范化描述，构建出某一领域的基本知识体系。本体中的概念，至少在某个范围或特定的领域是公认的，这样对于需要共享信息的人或其他系统来说，有助于消除概念或术语上的不一致问题。本体论定义了领域内相关概念之间的关系，是一种领域概念的结构化规范。因此，在民族教育信息资源个性化建模中，采用基于本体的方法表示用户模型是一种较好的方法。

本体定义和描述了某个领域内的公共词汇集，通过这个公共词汇集，就可实现信息共享和知识共享。一个民族教育信息资源本体结构，加上对民族教育信息资源的本体知识描述，就可组成民族教育信息资源领域本体。

在本体结构中，通常用 is-a、part-of、同位、相近四种关系来描述两个概念之间的关系。is-a 表示一种资源是另一种资源的实例；part-of 表示一种资源是另一种资源的一部分；同位表示两种资源同属于一个父领域；相近表示两种资源相近。

除了定义概念之间的关系外，通常还需定义民族教育信息资源本体的属性。一般用宽度、深度等描述本体的属性。比如，宽度表示一种资源对另一种资源概括到什么程度，位于资源描述的哪一层；深度表示一种资源描述的具体程度。

关于民族教育信息资源本体的使用，有以下两个定理[①]。

定理 1：对于用户 U，任意用户 U 对资源 R 感兴趣，则有可能对资源 R 的父概念感兴趣。

定理 2：对于用户 U，任意用户 U 对资源 R 感兴趣，则一定对资源 R 的子概念感兴趣。

基于民族教育信息资源领域本体库，可以采用空间向量表示。用户兴趣的描述可以表示为

$$\{(p_1, w_1), (p_2, w_2), (p_3, w_3) \cdots, (p_n, w_n)\} \tag{9-2}$$

其中，p_i 表示用户兴趣概念的第 i 个特征项，w_i 表示第 i 个特征项的权重。p_i 具有本体的属性，是领域本体库中的概念单元，和其他的概念单元存在一定的关系，遵循领域本体中的定理。w_i 表示用户对该特征项的感兴趣程度，是通过用户模型的相关算法得到的。利用这些概念和关系，采用语义相似度匹配，而不是简单的关键词匹配，为用户提供适合的相关资源。

例如，为用户准备推荐的民族舞蹈类资源时，如果存在民族舞蹈类资源，则将此类资源推送给用户；如果不存在，依据定理 2 将其子概念的相关资源，如民族民间舞蹈、民族古典舞蹈、彝族舞蹈、傣族舞蹈等资源推送给用户；如果子概念资源也不存在，则依据定理 1 将某一部分父概念如民族艺术类的资源推送给用户。

领域本体库描述了领域概念和概念之间的关系，提供了该领域的词表及概念中的关系，为简单的术语赋予明确的背景知识，因此，采用基于本体论的方法来表示用户模型，是一种比较好的方法。

四、用户兴趣更新方法

随着时间的持续，用户的兴趣和爱好会发生改变，因此，系统中的用户模型也必须随时更新。必须采取一定的方法，对用户以前的兴趣进行遗忘，对最新的兴趣进行更新，实现用户模型的不断完善。

---

① 宋丽哲，牛振东，宋瀚涛，等 . 数字图书馆个性化用户模型研究 . 北京理工大学学报，2005，25 (1)：58-62.

目前，关于用户模型的更新，很多研究者也进行了一些研究，提出了解决用户兴趣更新问题的一些对策，如遗忘函数方法、时间窗方法等。综合分析这些解决对策，发现采用近期最少使用（Least Recently Used，LRU）算法来对用户模型进行更新比较合适。

LRU 算法就是，当需要淘汰某一个对象时，选择一段时间内最久未使用和使用频率较低的对象进行淘汰，即淘汰距离当前最远的上次使用的对象。它被称为一个经典的缓冲清理策略，在内存管理、文件系统缓冲管理和数据库系统缓冲管理中具有广泛的应用。

在实际应用中，随着时间的推移，系统采集的用户兴趣关键词也逐渐增多，这样，用户的兴趣范围也就越来越广，此时用户模型就不能准确地描述用户的兴趣了。这个时候，就必须考虑将一部分关键词移除出来。采用 LRU 算法，就是先规定好窗口的大小，当描述用户兴趣的关键词越来越多，当关键词的数量超过窗口规定的总数量时，就按照先后顺序和使用频率，将近期最少使用的用户兴趣关键词移出。

LRU 算法[①]跟栈算法类似，我们可以用类似栈的结构来管理兴趣集，实现 LRU 算法。将兴趣集窗口的大小规定为 L，即栈的长度为 L，每获得一个兴趣的关键词 i，就将关键词 i 与栈中数据进行匹配，若 i 存在，则将 i 移出并压入栈顶；若 i 不存在，则直接将其压入栈顶，并淘汰栈底的兴趣关键词。LRU 算法流程如图 9-6 所示。

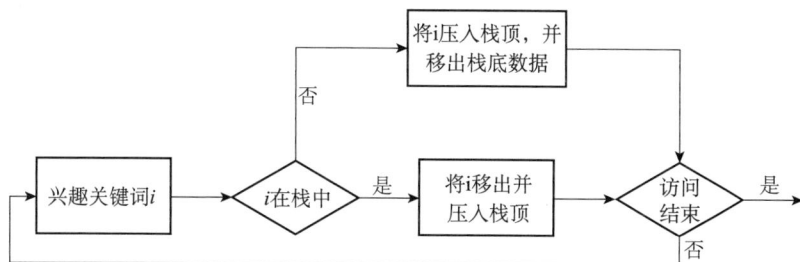

图 9-6　LRU 算法实现过程

上述介绍了基于本体的用户模型的表示、建立和更新方法。该模型利用了本体论的思想，利用聚类和分类相结合的方法，将用户兴趣关键词进行分类，利用 LRU 算法对用户模型进行更新。

---

① 陈媛，苟光磊. 个性化服务用户模型研究. 计算机工程与设计，2008，29（9）：2413-2415.

第四节 本 章 小 结

　　个性化服务的质量和效率与用户模型的好坏有直接关系，因此，用户建模在个性化信息服务过程中起着非常关键的作用，针对民族教育信息个性化服务问题，本章研究了用户模型的相关理论、用户信息获取方法及基于本体的用户建模方法，并对基于本体的用户建模方法进行了详细阐述，在此基础上构建起了民族教育信息资源领域用户本体，并搭建了基于本体的民族教育信息资源用户兴趣模型，为个性化民族教育信息服务提供支撑。

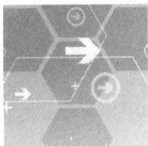

第 十 章

民族教育信息资源个性化服务
系统构建与实现

　　随着新技术和知识的不断发展，信息技术的迅速发展和广泛应用，信息资源正呈爆炸式增长，由此带来了繁多的信息来源和信息快速扩散的效果，但同时也引发了如信息过载、搜寻负荷加重、信息品质降低等问题。面对这种现实，如何在数字化资源基础上提供有效的、能反映用户真实信息需求的服务，是民族教育信息资源库建设面临的重要问题。个性化服务，就是能够满足不同用户特定需求的一种服务。它通过收集和分析用户的信息，主动地为用户推荐其可能感兴趣的信息资源。因此，构建一个融合信息检索、信息过滤、数据挖掘等多种技术的个性化信息推荐系统，是民族教育信息资源实现个性化信息服务的有效手段。

第一节　民族教育信息资源个性化服务系统需求

　　民族教育信息资源个性化服务系统功能主要实现用户的统一身份认证、个性化定制、信息推荐、信息过滤等。

一、身份认证

　　目前，我国教育资源库在进行用户认证时基本上是采用单因素认证方式（用户名/口令或 IP 地址认证），没有与其他认证方式相结合，并且大部分认证方式是针对独立的数据库系统。

　　民族教育信息资源个性化服务平台统一身份认证应实现对分布式数据库系

统的统一认证，变分散认证为集中认证，同时收集用户信息、资源访问信息，采集用户兴趣，为个性化服务提供信息来源。

在网络化社会，用户对自己的私有信息的保护有了很大的重视。对网络用户来说，其最担心的就是个人隐私信息的泄露问题。因此，信息安全对于一个资源个性化服务平台来说是至关重要的。

信息安全是指网络系统中的硬件、软件和数据受到保护，不因恶意或者偶然的原因遭到破坏、更改和泄露，系统可以持续正常运行，不中断信息服务。在民族教育信息资源个性化服务平台中，信息安全首先要保证服务平台的软硬件和系统资源的安全，保证系统能够持续正常运行；其次是保护用户个人隐私信息，让用户放心。严格控制各用户的权限，通过身份认证和鉴定、权限划分等措施，建立相关的信息安全机制，对用户个人信息进行有效管理，合理挖掘用户的隐性信息，对用户信息与资源进行有效共享和利用。

二、个性化定制

个性化资源定制，通过一定的方式获取用户的兴趣信息，分析这些信息并预测用户的资源需求，然后根据用户的特定资源需求设置特定的服务模式，为用户提供量身定做的个性化服务。

首先，系统要提供给用户能够表达其个性化需求的功能，并能够将用户定制资源记录保存下来。用户定制信息一般由用户主动提交给系统，然后系统创建个人信息记录。定制信息一般包括用户的年龄、性别、学历背景、职业、兴趣爱好等信息。

其次，系统要能够挖掘用户的兴趣行为，跟踪用户的浏览记录，预测用户的兴趣需求，为用户提供长期服务。除了用户主动提供的信息外，还要分析用户的各种浏览行为，推测用户的兴趣变化过程，实时更新用户的兴趣模型，为用户提供其最可能感兴趣的资源。

用户可以根据自身的实际情况随时修改定制信息，让定制信息和用户的兴趣始终保持一致。

三、信息推荐

在个性化服务中，推荐技术是必不可少的。所谓推荐技术，就是一种按照用户指定的时间间隔或根据发生的事件把用户选定的数据自动推送给用户的计算机数据发布技术[①]。利用推荐技术，资源个性化服务平台根据用户的兴趣需求，主动将信息资源推荐给用户。将以往的"人找信息"服务模式转变为"信息找人"的服务模式。

资源推荐服务一般通过电子邮件或者手机短信的方式，将资源推送给用户。此外，也有通过一些智能软件，实现全自动化的资源推送服务。

四、信息过滤

随着数字化技术的发展，数字化信息每天都在呈爆炸式增长。在大数据时代，怎样过滤无效的信息资源，一直是用户较为苦恼的问题。在个性化服务中，可以根据建立的用户兴趣模型，对网络信息资源进行有效过滤。个性化服务平台就是用户的一个个性化过滤工具，为用户过滤不感兴趣的资源，节省大量时间。

资源个性化服务平台的过滤机制包括以下三方面：①资源内容相似性过滤。根据用户兴趣模型，系统自动匹配用户和资源的相似度，一旦有相似的资源，推送给用户。②资源质量的过滤。网络信息资源的质量鱼龙混杂、参差不齐，给用户检索信息带来了很大的不便。资源个性化服务平台需要具有筛选和过滤不良资源的能力。③资源时效性过滤。资源个性化服务平台的资源发布和资源推送，必须要确保资源的新颖性和实时性，为用户提供最新、最适合的资源。另外，系统还必须记录用户的浏览历史，确保推荐的资源都是用户没有阅读过的。

第二节　民族教育信息资源个性化服务系统功能模块

个性化服务应充分体现民族教育信息资源库以"服务为中心"的理念，最终能让用户从民族教育信息资源库所提供的资源中，选择自己需要的信息组织在 iResource 中，用户只要提交个性申请表单，之后访问 iResource 时，系统将自动分析用户兴趣，并提供与此内容相关的最新信息。用户完全根据自己的意

---

① 胡一女. 个性化信息服务的功能需求及实现. 图书馆学研究，2007，6：63-66.

愿构建个性化资源收藏，定制个性化服务项目，选择个性化资源，与具有相似想法的用户交流，拥有一个完全个性化的资源服务环境。

民族教育信息资源库通过网络为用户提供信息资源的服务，民族教育信息资源库逻辑架构的建立是依据数字资源的生命周期来设计其总体框架，也就是围绕数字化资源的创建、描述、组织、检索、服务和长期保存的整个数字资源生命周期来规划和设计。图 10-1 为民族教育信息资源库个性化服务系统的逻辑结构。

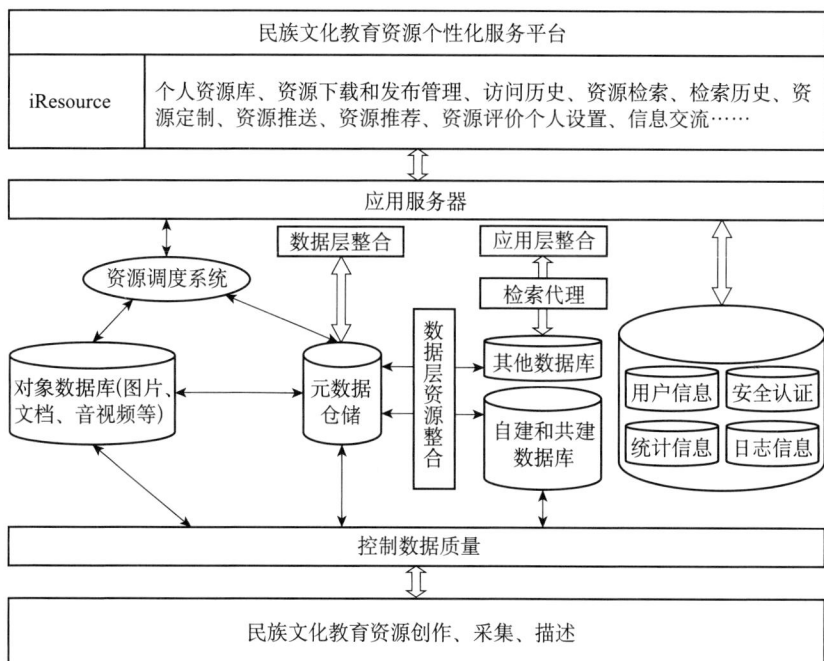

图 10-1　民族教育信息资源库个性化服务系统的逻辑结构

民族教育信息资源库的内部业务主要集中在数字化资源的创建、描述、组织，以及资源的发布和长期保存。对外服务通过网络技术来实施，产生的用户访问信息以一定的形式如文件或数据库的格式保存。

民族教育信息资源库提供的信息资源包括三个方面：一是自建的特色资源；二是网络上存在的其他站点的数字化的民族教育信息资源；三是广大用户群共建的资源。以两种方式来提供统一检索：一是建立统一的元数据存储，从数据层集成自建的特色资源、网络上的其他相关数据库和用户提供发布的资源的元数据，每个数字对象的描述采用 Dublin Core 元数据描述，统一存放在元数据仓储中；二是在应用层通过检索代理对自建、共建和其他相关数据库实施统一检索，为用户提供服务。

个性化服务功能 iResource 包括个人资源库、我的消息、资源发布和下载管理、访问历史、检索历史、推送服务、信息推荐、定制服务、用户群信息交流、常用链接和个人设置等。其中用户群信息交流是指用户可以查看资源访问行为相似的用户的用户访问或检索情况，并可传递消息。

用户通过网络来进行用户注册、身份认证、统一信息检索、交流咨询和享受个性化服务等，所产生的信息存储在用户信息、咨询信息和日志信息库中。

民族教育信息资源个性化服务系统个性化方面分成八个功能模块：安全认证、个人资源库、资源推送、资源检索、资源定制、资源管理、资源评价和信息交流，系统功能结构如图 10-2 所示。

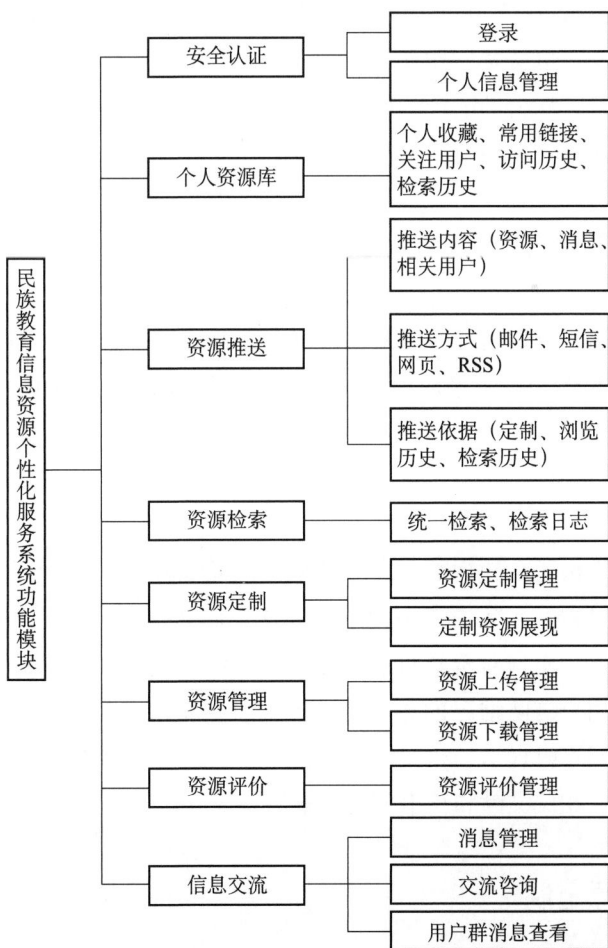

图 10-2　个性化功能结构图

一、安全认证

安全认证要实现民族教育信息资源个性化服务平台的统一身份认证。用户登录后可进行个人基本信息的维护，以及对用户兴趣的自动或半自动维护，如填写和修改感兴趣领域、个性化需求表单。

二、个人资源库

个人资源库包括个人收藏、常用链接、关注用户访问历史和检索历史。在"个人资源库"中，用户可以自定义类别来组织所喜爱的资源和数据库；"关注用户"在栏目中可以按类别组织和自己兴趣相近的用户，并可查看相关用户的浏览和访问记录；"访问历史"为用户查看资源的历史访问记录；"检索历史"记录了用户每次输入的检索词及检索时间。

三、资源推送

资源的推送将依据用户的定制、兴趣或资源的相关分析与挖掘，采用邮件、短信、网页或 RSS 方式，来向用户推送数字资源、消息或相关用户。

四、资源检索

资源检索为构建在异构数据库上层的统一检索系统，分为元数据统一检索和应用层统一检索。元数据统一检索以数据仓储为核心，它是对各个数据库系统元数据的集成。用户对资源进行检索时，系统自动记录用户的检索历史和检索关键字，为用户访问情况的分析和挖掘提供数据来源。基于数据仓储的统一检索支持检索词实时提示、相关词或同音词提示、检索词纠错、分类统计展示、热门词汇统计、相关文献和长串分词检索等。

五、资源定制

将资源库的资源分类目录呈现给用户，用户可以根据自己的兴趣爱好，定制自己喜欢的资源类型。

六、资源管理

用户可以上传自己创作的资源，根据系统要求的统一规范，经系统管理员审核通过后，就可以将自己的资源共享给更多的人。另外，用户还可以查看自己的资源下载历史记录。

七、资源评价

用户可以对系统的资源进行评价，在我的资源评价可以查看自己对资源的评价，并对其中的评价进行编辑等管理。

八、信息交流

用户信息交流功能包括消息管理、信息咨询、用户群消息查看。在消息管理中用户与用户之间以及用户与系统管理员之间可以互通消息；信息咨询也就是虚拟参考咨询服务；用户群消息查看中，可以查看与自己专业相关的用户群的成员，以及用户群频繁访问的资源。

第三节　民族教育信息资源个性化推荐服务功能分析

民族教育信息资源个性化推荐服务，是个性化服务中的重要组成部分，下面首先介绍民族教育信息资源个性化服务的总体逻辑框架，然后重点对个性化推荐服务进行分析与设计。

一、个性化推荐服务系统架构

个性化推荐服务系统是以用户为中心，利用网络渠道，为用户提供资源库中的各种资源，给用户提供一个高效、便捷的资源共享个性化服务平台。整个平台的框架如图 10-3 所示。

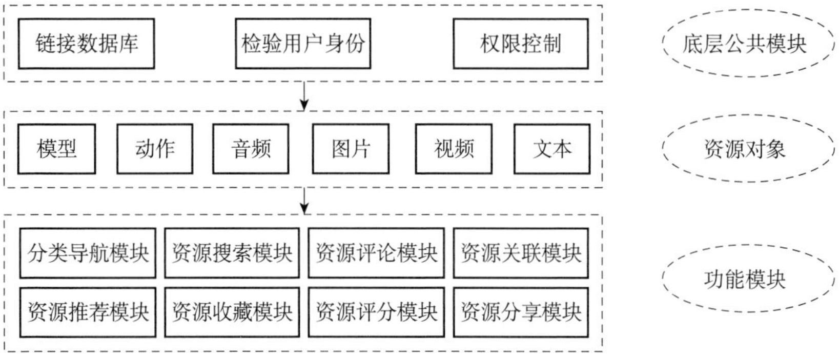

图 10-3　个性化推荐服务系统架构

该系统的功能包括：

（1）用户可以根据自己的兴趣爱好组建群组。通过群组，找到兴趣爱好相同的朋友，大家共同讨论感兴趣的话题。在群组里面，用户可以随时发布自己的学习心得，形成一个虚拟的学习交流社区。

（2）该系统具有两种不同的个性化推荐模式：一种是分析用户的浏览行为及资源的标签，为用户推荐其可能感兴趣的资源；另一种是将用户浏览的当前资源与其他资源进行相似度计算，将相似度较高的资源推荐给用户。系统重点是对各种资源进行有效关联和对用户进行资源的个性化推荐。

二、个性化推荐服务前台工作流程

系统前台是用户进入系统后首先接触到的界面，对用户来说，前台的功能好坏是其判断整个系统好坏的标准。前台主要实现用户的注册登录、资源的推荐等功能，主要的模块是资源推荐。系统前台的工作流程如图 10-4 所示。

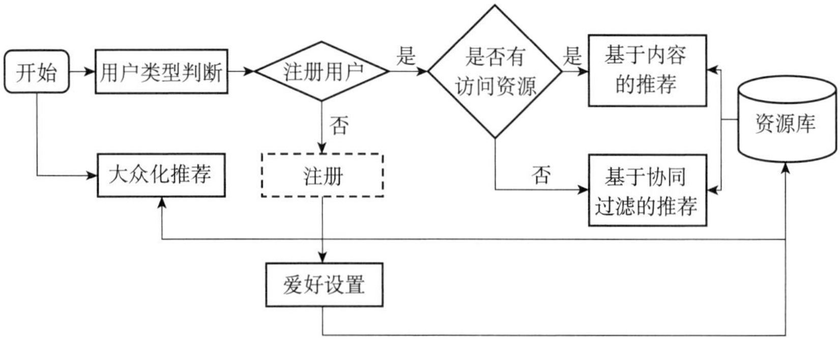

图 10-4　个性化推荐前台用户工作流程

用户访问民族教育信息资源库时，先判断其是否登录，如未登录，则根据其访问资源情况做大众化推荐；如为登录用户，则要看用户是否访问资源，来进行基于内容和基于协同过滤的推荐。

三、个性化推荐服务后台架构

后台一般面对的是系统管理员，主要负责处理用户的相关请求，后台架构如图 10-5 所示。上层是登录模块；中间层包括数据收集模块、数据处理模块和资源推荐模块三个模块；下层为数据库访问控制模块。中间层是系统的核心层，其主要功能如下。

（1）数据收集模块。主要通过显式采集和隐式采集两种方式，获取用户的兴趣信息和资源的相关信息。将不同的数据分布存于不同的数据表中。

（2）数据处理模块。将收集来的用户和资源数据进行分析，分析用户与资源、用户与用户、资源与资源之间的关联性，构建用户兴趣模型。

（3）资源推荐模块。依据用户兴趣模型，利用混合推荐技术，将用户可能感兴趣的资源推荐给用户。

前台

```
┌─────────────────────────┐
│        登录模块          │
│    推荐及结果显示模块    │
└─────────────────────────┘
```

后台控制

```
┌──────────────┐  ┌──────────────┐  ┌──────────────┐
│ 数据收集模块 │  │ 数据处理模块 │  │ 资源推荐模块 │
│ 用户信息收集 │  │ 资源相似性   │  │ 基于内容推荐 │
│ 资源信息收集 │  │ 用户相似性   │  │ 协同过滤推荐 │
│ 评分信息收集 │  │              │  │              │
└──────────────┘  └──────────────┘  └──────────────┘

        ┌──────────────────────┐
        │   数据库访问控制     │
        │   数据信息的添加、   │
        │   删除、更新等       │
        └──────────────────────┘
```

图 10-5　个性化推荐服务后台框架

四、资源推荐服务系统工作流程

民族教育信息资源个性化服务平台，采用大众化和个性化服务方式为用户提供服务。资源个性化推荐服务系统工作流程如图 10-6 所示。对于普通用户，系统采用大众化服务，提供资源分类检索、资源分类推荐等功能；当用户进入该平台后，系统会向用户推荐浏览量大的资源和评分较高的资源。对于注册用户，系统采用个性化服务，记录用户的浏览行为，为每一个注册用户构建用户兴趣模型，进而为用户提供其最可能感兴趣的资源。当用户注册登录后，进行资源检索、浏览、下载、评价等操作时，系统会自动提取用户的兴趣特征，并根据这些兴趣特征构建用户兴趣模型，然后由个性化过滤模块，参考用户兴趣模型，将符合用户兴趣的资源推荐给用户。

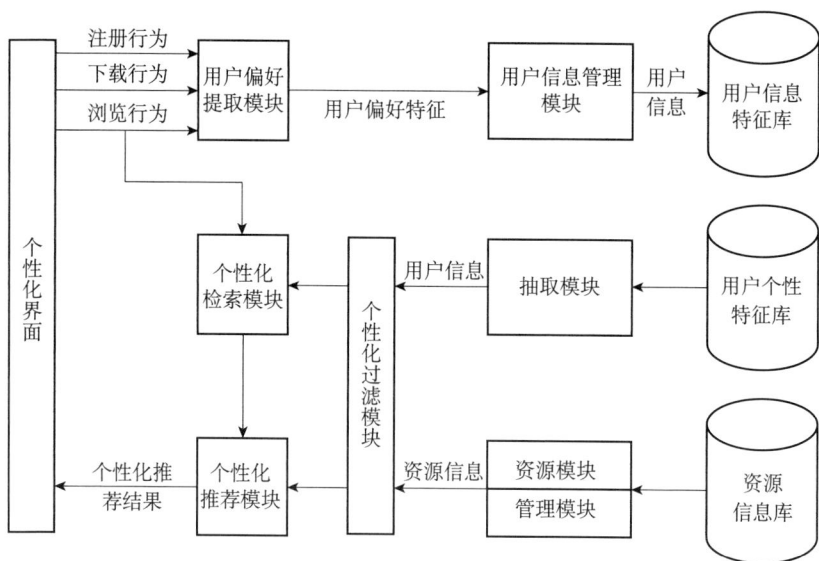

图 10-6 资源个性化推荐服务系统工作流程图

第四节 民族教育信息资源个性化服务功能实现

在民族教育信息资源个性化服务中核心功能的实现，包括用户资源定制和资源推荐功能的实现。通过数据处理模块，对用户历史访问记录和资源定制信息进行分析处理，将其可能感兴趣的资源推荐给用户，实现资源个性化服务。

一、系统开发平台及工具

民族文化教育资源个性化服务平台，采用 B/S 架构，使用 Microsoft 公司的 Visual Studio 2010 软件开发，使用 C♯语言；运用 Microsoft SQL Server 2008 软件构建系统数据库。

二、个性化服务原型系统实现

民族教育信息资源个性化服务系统个性化方面分成八个功能模块：安全认证、个人资源库、资源推送、资源检索、资源定制、资源管理、资源评价和信息交流。

（一）安全认证模块

系统用户分为四种类型：非注册用户、注册用户、一般管理员和超级管理员，不同类型的用户有不同的权限。通过系统的登录界面（图 10-7），管理员和注册用户通过输入用户名、密码和验证码登录系统，管理员和注册用户登录后跳转的页面不同，管理员登录成功后进入系统管理界面，注册用户登录成功后进入个性化首页，根据用户的浏览历史和资源订阅情况进行资源推荐，如图 10-8 所示。

图 10-7　用户登录界面

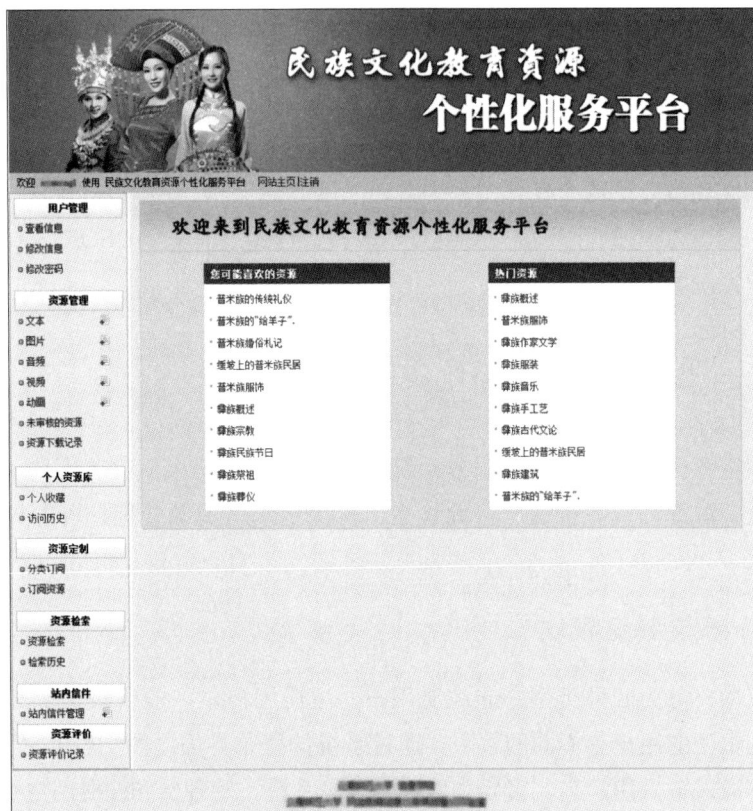

图 10-8　个性化首页界面

　　新用户可以通过系统的注册功能，成为该系统的注册用户，系统注册界面如图 10-9 所示。一般管理员账号由超级管理员在后台管理添加分配。

图 10-9　系统注册界面

(二) 个人资源库模块

在"个人资源库"中，用户收藏的资源都放在收藏夹中，用户可以查看自已收藏的资源；"访问历史"为用户查看资源的历史访问记录。系统可以根据用户收藏的资源和访问历史，分析用户的兴趣爱好，给用户推荐其可能喜欢的资源。图 10-10 为用户资源收藏界面，图 10-11 为用户浏览历史记录界面。

个人资源库>>用户收藏			
ID	资源标题	收藏时间	操作
4	彝族民族节日	2013-04-18	[预览]
3	彝族礼仪禁忌	2013-04-18	[预览]

首页 前页 1 后页 尾页　转到 1▼　第1页，共1页，每页30条，共2条

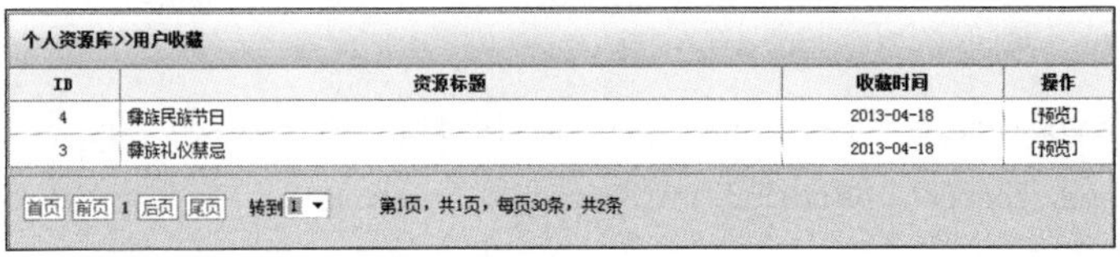

图 10-10　用户资源收藏界面

个人资源库>>浏览历史				
ID	资源标题	浏览次数	上次浏览时间	操作
22	彝族宗教	2	2013-5-4 16:26:54	[预览]
20	彝族祭祖	1	2013-4-21 21:01:35	[预览]
21	彝族民族节日	2	2013-4-19 16:18:11	[预览]
16	彝族食俗	1	2013-4-19 11:32:22	[预览]
17	彝族礼仪禁忌	1	2013-4-18 11:54:27	[预览]

首页 前页 1 后页 尾页　转到 1▼　第1页，共1页，每页30条，共5条

图 10-11　用户浏览历史记录界面

（三）资源推送模块

资源推送模块主要是主动为用户推送资源，将用户可能感兴趣的资源通过电子邮件发送到用户的邮箱。用户浏览资源时，系统会自动记录该资源的关键词，当某个关键词记录的次数达到一定的阈值时，比如，当阈值为 30 时，即该关键词浏览次数达到 30 次后，系统就会根据该关键词，自动搜索相关的资源，将这些资源通过邮件系统发送到用户的邮箱中去。当某个关键词的浏览次数达到 60 次时，再触发第二次邮件推送。

资源推送模块的相关代码如下。

```
string email = Server.HtmlDecode(Const.Qstr("email"));//获取用户 email 地址

string mailfromaddress = Sysconfig.GetConfig("cfg_mailfromaddress");//系统发邮件
地址
string mailuser = Sysconfig.GetConfig("cfg_mailuser");//系统邮件用户名
string mailpasword = Sysconfig.GetConfig("cfg_mailpasword");//系统邮件密码
string smtphost = Sysconfig.GetConfig("cfg_smtphost");//系统邮件 SMTP 服务器地址

string content = "";//此处是发邮件内容,可自定义
```

```
if (mailfromaddress = = "" || mailuser = = "" || mailpassword = = "" || smtphost
= = "")
    {
        RunJs.runjsalert("管理员还没有设置发件人邮件属性,不能发送邮件!");
    }
Boolean emailresult = MailHelper.SendMail(email, mailfromaddress, webname, "验证邮
件_" + webname, content, mailuser, mailpasword, smtphost);
    if (emailresult)
    {
        RunJs.runjswaitpage("邮件发送成功,请尽快登录邮箱激活!", "login.aspx", 3);
    }
    else
    {
        RunJs.runjsalert("邮件发送失败!请联系管理员!");
    }
```

以下是发邮件时调用的函数。

```
public static Boolean SendMail(string toemail, string fromemail, string frommail-
name, string subject, string body,
string username, string password, string smtpHost)
{
    System.Net.Mail.MailMessage msg = new System.Net.Mail.MailMessage();
    try
        {
            msg.From = new System.Net.Mail.MailAddress(fromemail, frommailname);
msg.To.Add(toemail);
            msg.Subject = subject;
            msg.IsBodyHtml = true;
            msg.Body = body;
            msg.BodyEncoding = System.Text.Encoding.GetEncoding("GB2312");
            msg.Priority = System.Net.Mail.MailPriority.High;
            System.Net.Mail.SmtpClient cliect = new System.Net.Mail.SmtpClient(smt-
pHost);
             cliect.Credentials = new System.Net.NetworkCredential(username, pas-
word);//登录的邮箱名和密码
```

```
cliect. Send(msg);
return true;
    }
catch
    {
return false;
    }
finally
    {
        msg. Dispose( ); //释放资源
    }
}
```

（四）资源检索模块

此模块为用户提供资源检索服务，用户可以根据相应的关键词进行检索，找到自己感兴趣的资源，有三种检索模式：搜索标题、标题摘要、智能检索，其中智能检索为语义检索，如图 10-12 所示。系统也会记录用户的检索历史，为用户建模提供相关数据，如图 10-13 所示。

图 10-12　智能检索结果显示界面

（五）资源定制模块

将资源库的资源分类目录呈现给用户，用户可以根据自己的兴趣爱好，定制自己喜欢的资源类型，系统会根据用户的定制信息，推荐相关资源。图 10-14 为用户定制资源界面，用户在自己喜欢的资源类型前单击鼠标选中，点击保存

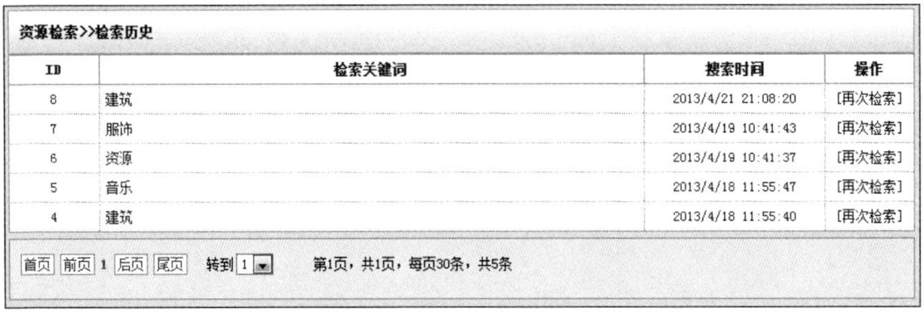
资源检索>>检索历史
ID
检索关键词
搜索时间
操作
8
建筑
2013/4/21 21:08:20
[再次检索]
7
服饰
2013/4/19 10:41:43
[再次检索]
6
资源
2013/4/19 10:41:37
[再次检索]
5
音乐
2013/4/18 11:55:47
[再次检索]
4
建筑
2013/4/18 11:55:40
[再次检索]
首页 前页 1 后页 尾页 转到 1
第1页，共1页，每页30条，共5条

图 10-13 用户检索历史记录

按钮，向系统提交自己的资源定制信息。图 10-15 为系统根据用户的定制信息向用户推荐的资源界面。

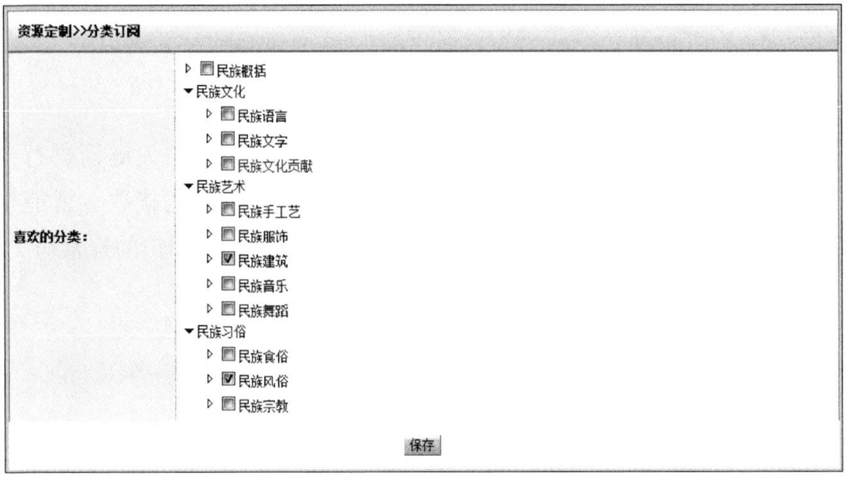
资源定制>>分类订阅
喜欢的分类：
民族概括
民族文化
民族语言
民族文字
民族文化贡献
民族艺术
民族手工艺
民族服饰
民族建筑
民族音乐
民族舞蹈
民族习俗
民族食俗
民族风俗
民族宗教
保存

图 10-14 个性化资源定制界面

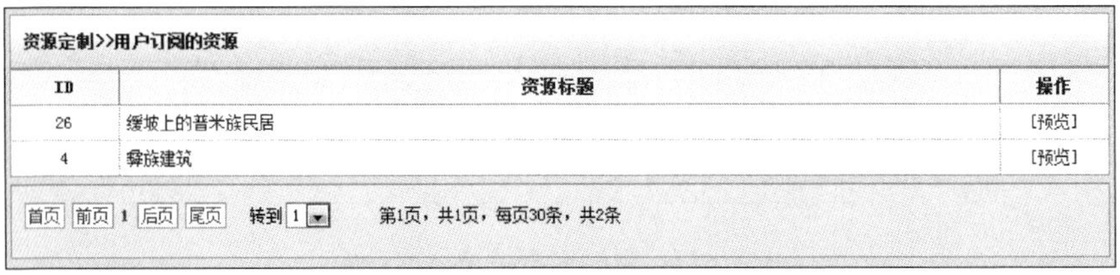
资源定制>>用户订阅的资源
ID
资源标题
操作
26
缓坡上的普米族民居
[预览]
4
彝族建筑
[预览]
首页 前页 1 后页 尾页 转到 1
第1页，共1页，每页30条，共2条

图 10-15 资源定制结果显示界面

（六）资源管理模块

资源管理模块主要是为用户提供资源上传和资源下载管理等功能，包括文本、图片、视频、动画资源上传，资源上传记录，资源下载记录等功能，在资源上传时，每一种类型的资源都设置了很多属性，方便资源检索和归类。用户上传的资源，经管理员审核后才能显示在前台页面。

资源下载记录和资源上传记录分别如图 10-16、图 10-17 所示。

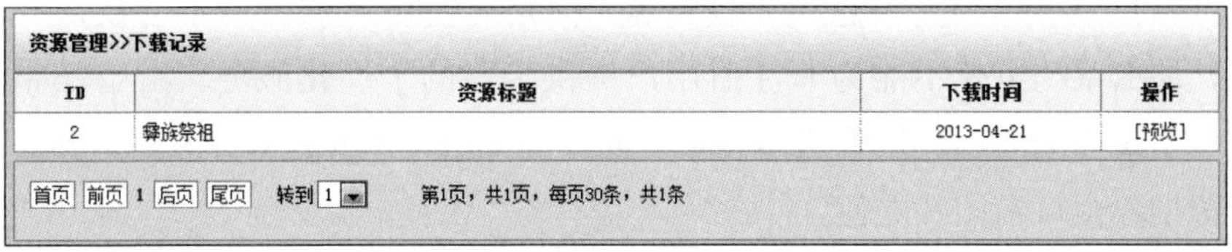

ID	资源标题	下载时间	操作
2	彝族祭祖	2013-04-21	[预览]

资源管理>>下载记录

首页 前页 1 后页 尾页　转到 1▾　第1页，共1页，每页30条，共1条

图 10-16　资源下载记录界面

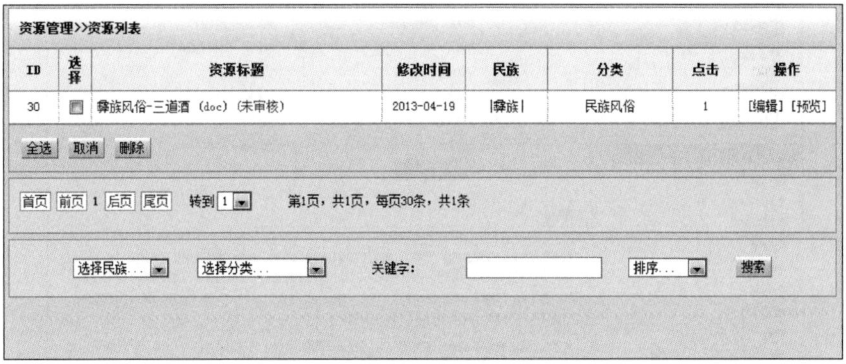

资源管理>>资源列表

ID	选择	资源标题	修改时间	民族	分类	点击	操作
30	☐	彝族风俗-三道酒 (doc) (未审核)	2013-04-19	彝族	民族风俗	1	[编辑] [预览]

全选 取消 删除

首页 前页 1 后页 尾页　转到 1▾　第1页，共1页，每页30条，共1条

选择民族...▾　选择分类...▾　关键字：[　　　　]　排序...▾　搜索

图 10-17　资源上传记录界面

（七）资源评价模块

用户可以对系统的资源进行评价，在"我的资源评价"可以查看自己对资源的评价，并对其中的评价进行编辑等管理，系统管理员可以对用户的评论进行回复，如图 10-18 所示。

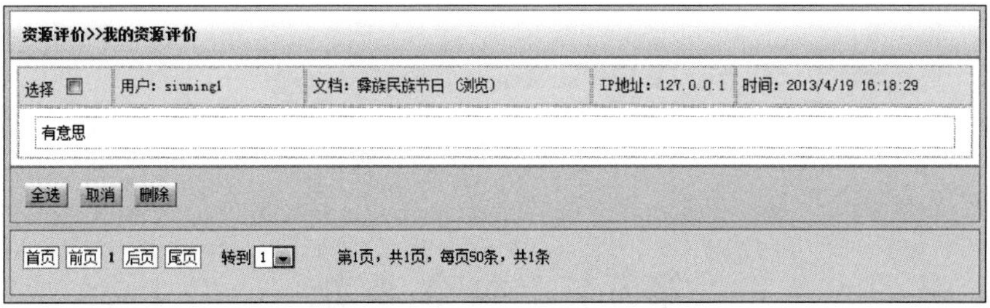

资源评价>>我的资源评价

选择 ☐	用户：siuming1	文档：彝族民族节日 (浏览)	IP地址：127.0.0.1	时间：2013/4/19 16:18:29

有意思

全选 取消 删除

首页 前页 1 后页 尾页　转到 1▾　第1页，共1页，每页50条，共1条

图 10-18　用户资源评价记录

(八) 信息交流模块

当用户访问资源个性化服务平台时，首先展示的是系统的主界面，非注册用户可以在该平台浏览信息、下载资源，但是这些用户的行为不会被系统记录下来，那么系统也就不能为非注册用户提供丰富的个性化服务。由于是非注册用户，系统只会向用户推荐热门浏览资源，图 10-19 所示的为资源查看界面，热门资源推荐窗口在图片左侧。

图 10-19　资源查看界面

第五节　本 章 小 结

本章利用相关理论和技术对民族教育信息资源个性化服务平台进行了需求

分析，并完成了功能模块设计。在建立民族教育信息资源库的基础上，研发了资源个性化原型系统。民族教育信息资源个性化服务平台主要实现了用户的安全认证、个人资源库、资源推送、资源检索、资源定制、资源管理、资源评价和信息交流等几个方面的功能。

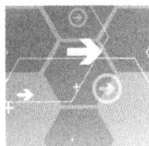

第十一章

民族教育信息资源个性化服务信息推荐技术

目前，在电子商务领域，几乎所有的电子商务网站都运用了个性化推荐技术。该技术能有效诱导用户的购物倾向，提高用户购物的便利性，给商户们带来很大的经济效益。比如，淘宝网、亚马逊、凡客诚品、京东商城、当当网等都使用了个性化推荐技术，大大提高了网站商品的销售量。将个性化推荐技术应用于民族教育信息资源服务平台，即形成民族教育信息资源的个性化推荐服务。该服务可以根据用户的兴趣爱好、行为习惯等建立用户的兴趣模型，进而满足用户个性化的信息需求，使民族教育信息资源的服务更加智能化、人性化和具有针对性，并提高用户的满意度。

第一节 信息推荐技术概述

个性化推荐将传统的信息服务模式所依赖的被动服务改为主动服务。过去都是人找信息，现在都是信息找人，为用户提供一个更加智能、便捷的信息获取方式。

一、信息推荐系统

信息推荐系统是涉及认知科学、信息检索、预测理论等领域的一个智能系统。在 20 世纪末，随着网络技术的发展，越来越多的网络用户也参与到整个互联网的建设中来，每个网民都是网络的受益者和建设者，越来越多的网站开始重视用户的网络体验，注重为用户提供个性化服务，此时，个性化推荐就应运而生。

随着推荐系统在网络服务中的应用，越来越多的研究者都转到推荐系统的研究中去。2007 年，美国计算机协会（Association for Computing Machinery, ACM）举办了一个推荐系统领域的会议（ACM RecSys），为研究推荐系统的科研人员提供了一个交流沟通的平台。该会议目前已成功举办 6 届，每次会议都有一些高质量的科研成果发布，为推荐系统的发展提供了很大的动力。

信息推荐系统根据对用户访问历史的分析，智能地向用户推送其可能感兴趣的信息资源，不需要用户的主动定制，它是一个自动化信息推送系统。一般来说，信息推荐系统包含以下三个部分。

（一）信息采集模块

信息采集模块主要是收集用户的兴趣信息、历史访问记录等，一般通过显式采集和隐式采集两种方式来获取用户的兴趣。显式采集是在网页上设置相关选项，供用户主动填写，此种方法比较容易收集信息，收集到的信息也比较真实，但会干扰用户的正常行为。隐式采集是通过分析用户的访问行为，如浏览、下载、收藏、页面停留时间等，进而获取用户的兴趣需求。

（二）用户建模模块

该模块主要是对信息采集模块收集来的用户信息进行综合分析，归纳出一个可计算的用户模型。

（三）信息推荐模块

信息推荐模块是信息推荐系统的核心部分，它利用一定的推荐算法，从大量的信息资源中过滤出用户需要的信息资源，进而推荐给用户。

网站上使用个性化推荐系统，就是为了满足不同用户的需求，提供个性化推荐服务。也就是说，在用户访问网站时，网站可以随时根据用户的兴趣爱好的变化而调整呈现给用户的信息内容，让用户感觉到这个网站是为自己特别服务的，不同用户访问网站，网站呈现的内容都不一样，投用户的所好，提供个性化服务。一般来说，根据网站的个性化程度，我们可以将信息推荐系统分为以下三种类型。

（1）大众推荐系统。目前有部分网站采用这个推荐系统，网站对所有访问用户呈现的内容都一样。网站管理人员根据某种算法，将推荐结果呈现给所有的访问用户。比如，目前的影视、音乐网站的分类排行、浏览排行等。

（2）半个性化推荐系统。这种推荐系统主要是分析用户的浏览记录，将相近的资源推荐给用户。比如，在某视频网站上，用户最近都在看杨丽萍表演的舞蹈视频，那么系统就可以向用户推荐杨丽萍表演的其他视频，或者孔雀舞相关视频，这样，不同的用户就会得到不同的推荐结果。此类推荐系统一般不需要用户注册，通过记录用户的 IP 地址来区别不同用户，相比大众推荐系统，推荐效果较好。

（3）完全个性化推荐系统。此种推荐系统的个性化程度较高，需要用户注册。该系统通过对用户的显式信息（注册信息、资源评价等）、隐式信息（浏览记录、页面停留时间等）进行综合分析，将网站资源进行过滤，应用一定的推荐算法，将用户可能感兴趣的信息资源推荐给用户。

二、推荐系统的分类

个性化推荐系统，按算法的不同来分，主要有基于规则的推荐系统、基于内容的推荐系统、基于协同过滤的推荐系统和混合推荐系统。下面简单介绍这四种推荐系统。

（一）基于规则的推荐系统

基于规则的推荐系统的工作原理是，事先制定某种规则，向用户推荐信息。比如，事先制定的适合某用户的推荐规则为"如果用户喜欢傣族舞蹈，就会同时喜欢傣族音乐"，那么当其他用户浏览傣族舞蹈类资源时，系统就可以向用户推荐傣族音乐类资源。

这类推荐方式在电子商务网站中应用比较广泛，通过分析用户的购买记录制定规则，向用户推荐可能感兴趣的商品。基于规则的推荐系统一般分为用户接口层、描述层和关键词层，具体的模型如图 11-1 所示。

如图 11-1 所示，关键词层为描述层提供关键词，并定义关键词间的依赖关系，在关键词层可以定义静态属性的个性化规则。描述层主要负责定义用户描述和资源描述，由于用户和资源都是动态变化的，所以描述层的个性化规则也是随之改变的。用户接口层主要是提供个性化服务，根据关键词层和描述层定义的个性化规则，将用户可能感兴趣的资源推荐给用户。

基于规则的推荐系统就是允许系统管理员根据用户的一些特征属性来制定

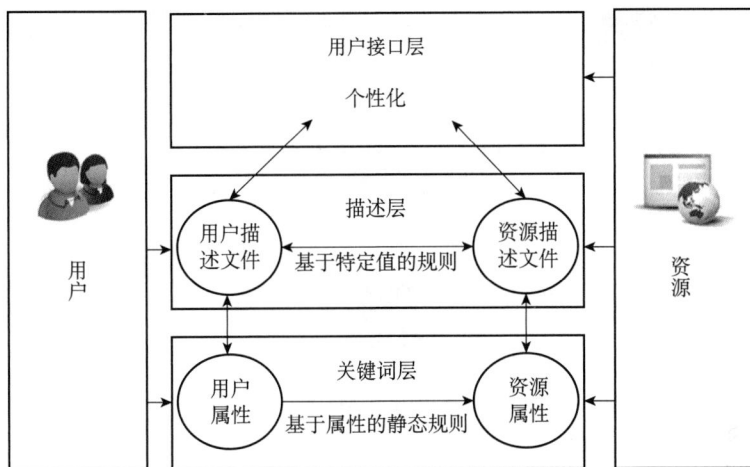

图 11-1　基于规则的推荐系统模型

规则，也就是一个 If-Then 语句，定义了在不同的情况下提供不同的信息。目前，基于规则的推荐系统有 ILOG、BroadVision、WebSphere 等。

基于规则的推荐系统简单、直接，容易理解，但是前期的数据预处理比较复杂，推荐的信息质量难以保证，并且随着规则的数量增多，系统管理将变得越来越繁杂。

（二）基于内容的推荐系统

基于内容的推荐系统就是，通过用户浏览的资源和其他资源之间进行匹配，将相似度高的资源推荐给用户，它不需要用户对资源的评价数据。基于内容的推荐系统，首先对用户和资源建立一个描述文件，然后根据这两个描述文件的相似度来给用户推荐信息资源。用户描述文件一般记录用户的兴趣、爱好、浏览记录等信息，这些信息通过系统显式或隐式跟踪用户行为来获取。资源描述文件是记录资源的相关信息，包括资源简介、关键词等。

基于内容的推荐系统的简要流程如图 11-2 所示。

基于内容的推荐系统，仅需要获取用户和资源的描述文件，不需要用户对资源的评价信息。它具有以下两个优点：①仅需用户和资源描述文件，能很好地解决冷启动问题；②不需要用户评价数据，能有效缓解数据稀疏性问题。但是也存在一些问题，首先是资源特征提取技术有限，只能对资源进行简单的特征提取，在多媒体信息资源（视频、图片、音频等）特征提取技术上还有很大的困难；其次，由于只是比对用户和资源描述文件，对于用户的潜在兴趣，很

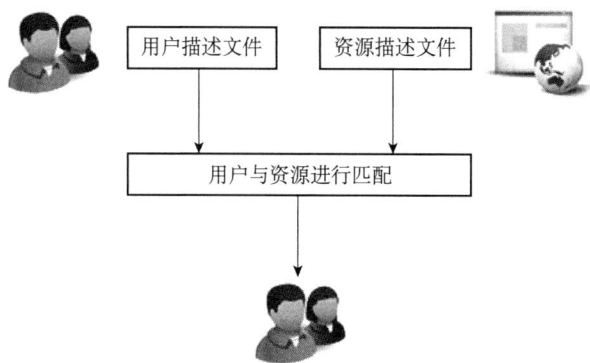

图 11-2　基于内容的推荐系统模型

难发掘出来。

目前，基于内容的推荐系统主要有 Personal WebWatcher、Syskill&Webert、Letizia、CiteSeer、NewsWeeder 和 InforFinder 等①。

（三）基于协同过滤的推荐系统

目前，基于协同过滤的推荐系统是个性化推荐技术中研究最为广泛的推荐技术，自从 Goldberg 等建立 Tapestry 系统以来②，很多推荐系统都采用了协同过滤技术。该方法是基于用户对资源的历史评价信息，计算用户（或资源）之间的相似性，生成与目标用户兴趣最接近的邻居集，然后根据邻居集中的用户给目标用户推荐相关资源。其关键问题在于如何准确地找出最近邻居集合，其整个模型如图 11-3 所示。

协同过滤系统是我们在现实生活中常用的推荐方式，比如，两个兴趣相近的朋友互相推荐喜欢的视频、音乐、书籍等。在电子商务领域，如亚马逊、淘宝网、京东商城等购物网站，都采用了协同过滤推荐技术。

基于协同过滤的推荐系统，能够发现用户潜在的兴趣点，但也存在一些问题：①数据稀疏性问题。在系统使用初期，由于用户对系统的资源评价信息较少，系统很难利用这些稀少的评价信息来发现兴趣相似的用户。②可扩展性较差。随着系统资源和用户的增加，系统的推荐性能会越来越低。

---

① 简士尧．以内容为基础之网络学习导览推荐之研究．台湾铭传大学硕士学位论文，2004．

② Goldberg D，Nichols D，Oki B M，et al. Using collaborative filtering to weave an information pastry. Communications of the ACM，1992，35（12）：121-132.

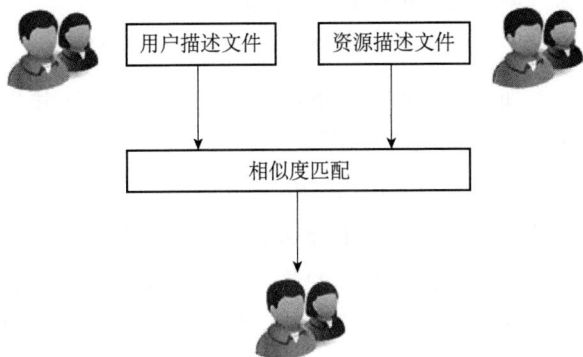

图 11-3　基于协同过滤的推荐系统模型

（四）混合推荐系统

为了克服单一推荐技术的一些缺点，可以将基于内容的推荐技术和协同过滤推荐技术进行适当的结合，即对资源和用户模型的相似度进行比对，进行基于内容的推荐，然后通过兴趣相似的用户进行协同过滤推荐。这就是一种混合推荐方式。

将基于内容的推荐技术和协同过滤推荐技术进行结合，可以互相弥补自身的不足。比如，可以分析用户浏览过的资源预测用户对其他资源的评价，增加数据的密度，从而解决协同过滤中的数据稀疏性问题，进而提高推荐效率。

混合推荐系统混合了协同过滤算法和基于内容的推荐算法，缓和了协同过滤算法中没有考虑资源本身的问题，也弥补了基于内容的推荐算法中用户稀少的缺陷。

三、推荐系统的相关问题

目前，协同过滤推荐技术在实际运用中比较广泛，也是比较成功的一种推荐技术。但是，协同过滤推荐系统仍然存在一些问题，主要是冷启动问题、扩展性问题和数据稀疏性问题。

冷启动问题，一种是新用户没有可以利用的行为信息，系统也没有该用户的历史记录，协同过滤推荐技术无法为用户推荐资源；另一种是新资源没有相关的评价记录，系统无法将该资源和用户描述文件进行匹配，进而无法将新资源推荐给用户。对于缓解冷启动问题，常用的办法有众数法、平均数法等，但是推荐的效率不高，无法满足用户的个性化需求。

扩展性问题就是指随着用户和资源数量的扩大，此时系统过滤推荐算法的计算复杂度会随之增加，计算所需要的时间也会增加，进而会影响推荐的时效性。关于扩展性问题，可以通过聚类算法来缓解。

数据稀疏性问题指的是系统需要的相关数据少，无法准确计算用户间的相似度，导致无法生成目标用户的最近邻居集合，影响系统的推荐效率。随着推荐系统的规模越来越大，用户和资源的数目也变得庞大，相对于资源的数量而言，用户对资源的评价记录显得微乎其微。据统计，在亚马逊购物网站中，用户评价的图书数量，只占网站中所有图书数量的 $1\%\sim 2\%$[①]。用户的评价数据较少，导致用户-评价矩阵的稀疏，系统无法获取充足的数据，进而无法计算用户间的相似程度。针对数据稀疏性问题，可以通过将缺失评分项目填上缺省值的方法[②]、基于内容的协同推荐方法、奇异值分解技术[③④]、基于信任度传播的方法[③]等来处理。

第二节　基于混合模式的个性化信息推荐

基于规则的推荐、基于内容的推荐和基于协同过滤的推荐都存在一些问题。比如，基于规则的推荐技术存在用户和资源特征抽取难、个性化程度低等问题；基于内容的及基于协同过滤的推荐技术存在冷启动、数据稀疏性等问题。将基于内容的推荐系统与基于协同过滤的推荐系统进行适当的结合，形成基于内容的协同过滤混合模式，可以弥补各自的不足。

基于单一模式的推荐算法都存在一些缺点，在实际应用中，可以使用混合推荐算法，即将各种推荐算法混合起来使用，提高资源推荐的准确度和广泛性。

---

① 张迎峰．面向数字图书馆的个性化推荐算法研究．合肥：中国科学技术大学硕士学位论文，2011.

② Breese J，Heekerman D. Empirical analysis of predictive algorithms for collaborative filtering//Proceedings of the Fourteenth Uncertainty in Artifical Intelligence. Madison，1998，461：43-52.

③ Koren Y，Bell L，Volinsky C. Matrix factorization techniques for recommender systems. IEEE Computer Society，2009，42（8）：30-37.

④ Ariyoshi Y，Kamahara J. A hybrid recommendation method with double SVD reduction//Proceedings of the 15th International Conference on Database Systems for Advanced Applications，2010，(6193)：365-373.

一、混合推荐的类型

目前，混合推荐系统大致可分为以下三种。

（1）将几种推荐技术单独运行得到的所有推荐结果推荐给用户。

（2）根据特定的规则或环境，将某几种特定推荐技术得到的推荐结果呈现给特定的用户。

（3）将两种推荐技术融合在一起，进行资源推荐。

目前，在基于协同过滤的推荐技术中，融入基于内容的推荐技术，这种做法比较普遍。该方法利用资源的内容来表示用户兴趣，从而使用基于内容的推荐算法为用户查找最近邻居集，然后使用基于协同过滤的算法，为用户推荐可能感兴趣的资源。此外，还有基于神经网络、基于知识和基于协同过滤等其他一些方法的混合推荐系统。

从理论上讲，混合推荐有很多种组合方式，但在解决某一个具体问题时，并不一定都有作用，混合推荐的关键就是要对单一推荐技术的缺陷进行弥补。目前，基于内容的推荐和协同过滤推荐技术的组合推荐是比较常用的一种混合推荐系统。

二、混合推荐模型

（一）混合推荐模型的基本框架

使用混合推荐技术，可解决单一推荐模式存在的问题。但在实际应用的过程中，还要考虑推荐的实时性问题。为了解决推荐实时性问题，可以运用在线处理和离线预处理的办法。将计算量大且耗时较长的数据预先进行离线处理，如用户建模、用户聚类等，然后再利用在线处理推荐算法实现推荐。通过这种方法，可缩小系统推荐反应的时间，提高系统推荐效率。混合推荐模型的框架如图11-4所示。

从图11-4中可以看出，模型分为在线和离线两部分：离线部分对用户的兴趣信息进行采集和预先处理；在线部分根据相应的推荐算法把相关的资源推荐给用户。模型的具体工作流程如下。

（1）采集用户的兴趣信息、历史浏览记录、资源评价信息等可以反映用户兴趣的数据信息。

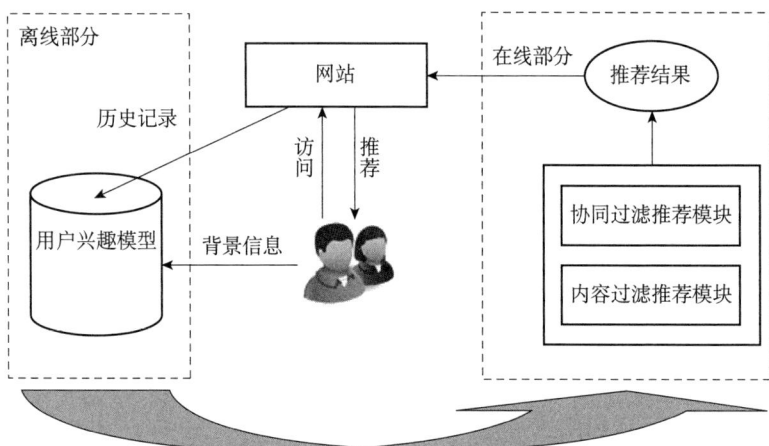

图 11-4 混合推荐模型的框架结构①

（2）采用基于本体论的方法来描述用户兴趣模型，并进行预处理。

（3）根据用户兴趣模型，计算用户之间的相似度，并通过聚类算法对用户进行分类。

（4）使用基于内容的推荐算法，计算用户已评价资源和目标资源的相似程度。然后根据基于资源的协同过滤算法，预测用户对未评价资源的评价，填充"用户-资源"矩阵的缺失值。

（5）在用户聚类的基础上，将基于用户的协同过滤算法得到的推荐结果推送给用户。

（6）收集用户对推荐资源的评价，并对用户兴趣模型进行更新，以获得更好的推荐效果。

（二）混合推荐模式用户兴趣模型的构建

在个性化推荐系统中，推荐算法固然重要，但是如果没有优质的用户兴趣模型，推荐的效果将大打折扣。用户兴趣模型，不是简单地对用户兴趣进行描述，它是结构化的、可量化的，并且能被计算机理解和处理的。

1. 用户兴趣模型构建

要获取用户的兴趣，就必须收集用户的兴趣行为信息。用户的兴趣行为信息包括：①用户注册信息；②用户浏览记录，如浏览页面、评价信息、页面停

---

① 姚志霞. 基于混合推荐的个性化信息服务系统的研究与应用. 北京：北京交通大学硕士学位论文，2011.

留时间、资源下载记录等；③用户搜索关键词。通过上述三个方面的内容，来分析总结用户的兴趣爱好。

1）用户注册信息

用户注册信息是通过显式采集方式采集而来，是用户在网站注册账号时提交的背景信息，一般包括用户名、性别、年龄、教育程度、职业等，这些信息一般来说不会有什么改变。这些背景信息在一定程度上也反映了用户的兴趣，在民族教育信息资源领域，可能职业或教育程度更能体现用户的兴趣爱好。比如，艺术学科领域的人，可能对民族的服饰、音乐、舞蹈、艺术品等资源感兴趣，而建筑学科领域的人可能对民族民居、建筑等资源感兴趣。针对不同的职业背景，对描述的关键词设置不同的权值。

（1）性别。设置"男""女"两个选项，在数据库中分别用"1"和"0"来表示。

（2）年龄。一般来说，年纪相差不大的用户会有相同的爱好。采用下拉列表框的形式让用户填写年龄段，包括"0～10""10～20""90～100"等年龄段。在数据库中分别使用 0，1，2，…，9 代表对应的年龄段。

（3）教育程度。设置小学生、中学生、专科生、本科生、硕士生、博士生及以上 6 个选项，分别用 0～5 这 6 个数字来描述，由用户注册时根据自己的实际情况选择。

（4）职业。系统根据目前的职业分类，将分类信息统一放在一个下拉列表框中，由用户自行选择，每一个职业类型都有相应的编号。对于相似的职业类型，编号也比较接近；反之，编号差距较大。

2）用户浏览记录

当用户浏览某个页面时，可以将该页面中资源的标签记录下来，然后根据该标签的描述，与资源库中其他资源的描述进行匹配，找出相似的资源，进而推荐给用户。

3）用户搜索关键词

当用户想要快速找到自己所需要的资源时，一般会通过输入关键词来进行搜索查找，这些关键词从某种角度体现了用户的兴趣。

由于用户的兴趣是不断变化的，在不同的时间段，感兴趣的内容也不一样，所以需要将用户感兴趣内容的关键词按时间段来统计，统计在某一个时间间隔内不同关键词的使用频度不同，选择使用频度较高的关键词来描述用户兴趣，构建用户兴趣模型。在这里，我们依据使用频度从高到低，依次取前三个关键词，假设用户使用频度较高的三个关键词为 W_1、W_2、W_3，并根据用户的搜索关键词描述用户兴趣模型。

随着时间的推移、用户阅历的增加，用户的兴趣也会随之发生改变。通过持续收集用户的兴趣行为和相关评价数据，对用户兴趣模型进行动态更新和调整，以适应用户的实时需求，提高资源推荐的准确率。用户兴趣模型的更新包括增、删、改三个方面，具体表现如下。

（1）增，即用户兴趣关键词的增加，当用户浏览了新资源、对某个资源进行了评价或搜索新的关键词时，就要将这些信息更新到用户兴趣模型中去，并重新调整原有关键词的权重。

（2）删，即删除用户可能不太感兴趣的关键词，当描述用户兴趣的关键词数达到一定的量后，按照近期使用的时间和频度，将最少使用和入库时间最早的关键词删除，加入用户新的兴趣关键词，保持数据库中关键词数量为固定的数目。这样有利于用户兴趣模型跟用户的兴趣变化保持一致，也减小了用户与资源相似度的计算量。

（3）改，即定期根据资源库的资源描述修改用户兴趣模型，当资源库中新增了全新的资源描述时，相应的用户兴趣模型也要相应地进行改动。

2. 用户兴趣的相似度

用户的背景信息，可以用向量空间模型来表示，两个用户之间的相似度，可以采用余弦相似性算法进行计算，在算法中，也考虑了各个关键词的权重。假设有用户 x 和 y，他们之间的相似度可以表示为式（11-1）[①]。

$$\mathrm{Sim}(x, y) = \frac{\sum_{k=1}^{N}(p_{1k} \times p_{2k} \times w_k^2)}{\sqrt{\sum_{k=1}^{N}(p_{1k} \times w_k)^2 \sum_{k=1}^{N}(p_{2k} \times w_k)^2}} \tag{11-1}$$

在式（11-1）中，p_{1k} 和 p_{2k} 分别是两个用户的第 k 个关键词的取值；w_k 是第 k 个关键词分项所对应的权值。

例如，A 用户的信息为"性别：女；年龄：24；教育程度：本科；职业：舞蹈表演者"，B 用户的信息为"性别：男；年龄：27；教育程度：本科；职业：舞蹈表演者"，C 用户的信息为"性别：女；年龄：43；教育程度：博士；职业：建筑设计师"。

根据上述约束信息，表示为 A＝（性别：0；年龄：2；教育程度：3；职

---

① 石静. 基于混合模式的个性化推荐系统的应用研究. 武汉：武汉理工大学硕士学位论文，2010.

业：1），B＝（性别：1；年龄：2；教育程度：3；职业：1），C＝（性别：0；年龄：4；教育程度：5；职业：22）。在推荐系统中，取性别对应的权值为0.2，年龄对应的权值为0.3，教育程度对应的权值为0.1，职业对应的权值为0.4，那么根据式（11-1）计算可以得到，用户A和用户B的相似度Sim（A，B）＝0.97，用户B和用户C的相似度Sim（B，C）＝0.61。由于用户A和用户B在年龄、教育程度和职业方面都相似，所以相似度较高，而用户B和用户C四个方面都无共同点，所以相似度很低，这种计算结果完全符合常识。

（三）混合推荐模式系统模型

将基于内容的过滤技术融入到协同过滤技术中去，克服了协同过滤系统存在的数据稀疏性和冷启动问题，进一步提高了推荐的效率。混合推荐模式系统模型如图11-5所示。

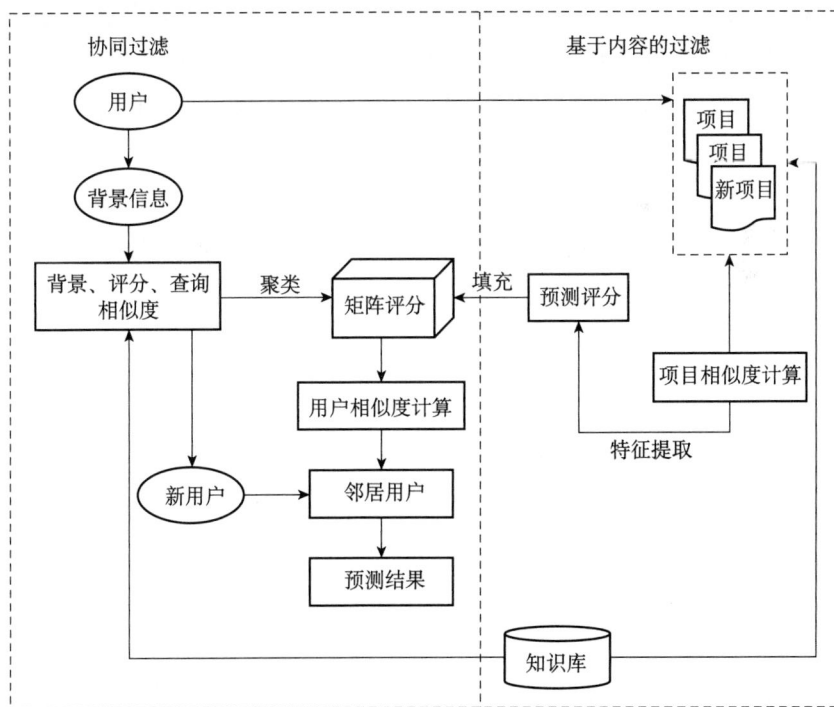

图11-5　混合推荐模式系统模型

混合推荐算法流程：

（1）利用基于内容的过滤技术，填充用户-资源评价矩阵的缺失值。

（2）依据用户注册信息、浏览记录、资源评价信息和检索关键词，构建用户兴趣模型，然后对用户进行聚类。

（3）用户登录资源服务平台后，通过与其他用户进行相似度比较，找出该用户所属的分类及该类中所有的用户。判断该用户是否有历史资源评价信息，如果有，就根据历史评价信息计算该用户与其他用户的相似度；如果没有，就根据用户注册时主动提供的信息计算该用户与其他用户的相似度。

（4）按照相似度高低排序，将相似度高的作为该用户的邻居用户。

（5）以用户之间的相似度和邻居用户对资源的历史评价数据为基础，预测该用户对目标资源的评价。

第三节　本　章　小　结

推荐系统是一个自动化系统，它不需要用户主动提供资源需求信息，而是由系统自动分析用户的浏览行为，智能地向用户推荐其可能感兴趣的信息资源。完整的推荐系统包括用户信息采集模块、用户建模模块和信息推荐模块。本章介绍了推荐技术的相关概述和分类，重点介绍了基于内容的协同过滤混合推荐模式，并将其应用于民族教育信息资源个性化服务中，构建了民族教育信息资源个性化服务推荐模型，实现民族教育信息资源的个性化推荐。

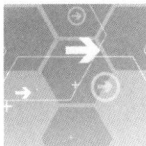

第十二章

民族教育信息资源云计算服务平台的设计与构建

云计算技术的出现不仅改变了信息技术的基础架构，还深刻地改变了信息服务的方式。在云计算全新的服务模式和技术发展背景下，民族教育信息资源的服务将发生重大变革，在提高其利用率的同时也能够大大地降低其投入、建设和维护成本。本章对云环境下民族教育信息资源服务的内涵、流程、架构设计等进行分析，进而设计了云环境下的民族教育信息资源服务模式架构，以及云环境下民族教育信息资源服务模型，并初步构建了民族教育信息资源云计算服务平台。

第一节　云环境下民族教育信息资源服务分析

一、云环境下民族教育信息资源服务的内涵

民族教育信息资源在民族教育过程中起到了举足轻重的作用，几乎所有的民族教育活动都围着民族教育信息资源展开，它关系到民族教育发展和进步的步伐。随着社会的进步、科技的发展，民族教育领域对民族教育信息资源服务的要求也越来越高：服务类型增多、存储管理要求增高、更新速度加快、时效要求更高。

在云环境下，用户可以根据自身的需求随时随地通过使用任何网络设备快速便捷地获取各种类型的民族教育信息资源服务。用户不用关注各类民族教育信息资源及其服务的位置、状态，只需要通过网络设备即可获取自己所需服务。同时，用户不需要管理和维护各种软硬件资源，只需要根据自己的需求和权限

发出命令、请求，便可以获得各种具有质量保证的服务。

云环境下的民族教育信息资源服务能够为用户提供高效率、高可用性、可扩展的硬件资源服务、数据资源服务、平台资源服务和应用软件服务，减少了用户对资源购置的资金投入和对资源维护维修的运营成本，这样用户就能将自己的精力专注于自己的教育、科研、学习领域。

二、云环境下民族教育信息资源服务优势

民族教育信息资源的建设和服务存在成本高、投入大、效率低等一系列问题，云计算技术的加入，为民族教育信息资源服务带来新的景象。云环境下的民族教育信息资源服务的优势主要体现在以下三个方面。

(一) 快速满足服务需求

1. 快速获取服务

民族教育信息资源用户可通过网络直接自助获取所需服务，省去了购买软硬件及开发维护的环节。用户不需要花精力、时间去购买设备、维护设备和开发软件程序。当收到用户的请求时，云环境下的民族教育信息资源服务系统能够快速将服务送到用户的移动终端，节省了时间，为用户提供了很大的便利。

2. 服务灵活可扩展

云环境下的民族教育信息资源服务是具有弹性可扩展的，即能够动态灵活地部署、调度、回收，能够以高效率的方式满足业务发展和平时运行峰值的服务需求。当用户数量增多、访问量增加、服务请求增大时，云服务提供商不断为用户提供更多的存储空间、更快速的处理能力，为用户提供了强有力的服务保证；当用户数量减少、访问量降低、服务请求减小时，云服务提供商便把闲置的资源服务进行回收。这些过程都是云环境下的民族教育信息资源服务平台在不需要人工干预的情况下自动快速地完成的。

(二) 提高资源利用效率

1. 集中化管理

云环境下的资源集中化管理主要由虚拟化技术实现。云环境下的民族教育信息资源通过虚拟化技术使得跨系统的物理资源统一调配、集中运维。用户对

云环境下的民族教育信息资源服务系统提出请求后，并不知道也没必要知道在庞大的计算机群里到底是哪些计算机为自己服务，只需接受相应的服务即可。此外，云环境下的民族教育信息资源管理员对系统中的各个计算机的使用情况、性能等的监控通过一个虚拟化环境中的界面便可实现，而不需要逐一对每台计算机进行管理和维护。

2. 专业化维护

云环境下的民族教育信息资源服务系统中的服务器、存储资源池等基础设施都由云服务提供商或者专业人员进行管理和维护，用户无需投入任何精力进行维护和运营，同时也使得专业的管理维护人员对自己的职能具有明确的目标与导向，从而大大提高了维护的专业性。

（三）不同的价值体现

由于社会、经济、文化等各方面的原因，民族教育信息资源的服务和建设存在很大差异，但是无论发展的情况如何，云计算技术都能为其带来不同的价值。具体价值体现如图 12-1 所示。

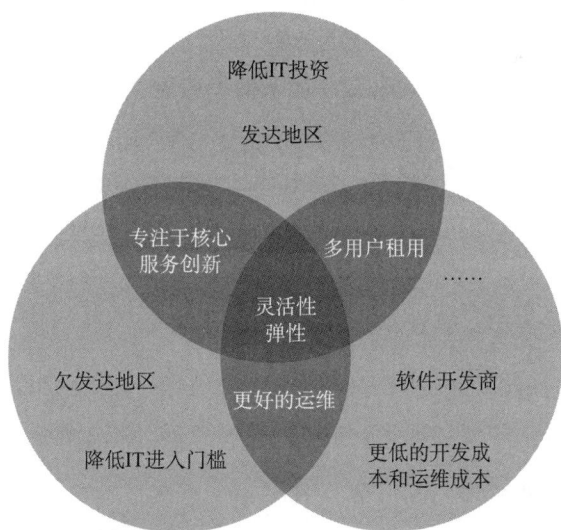

图 12-1　云环境下民族教育信息资源服务不同的价值体现

发达地区的民族教育信息资源服务具有一定的基础，无论在硬件资源还是软件资源方面都比欠发达地区具有优势。对于这样的地区，通过云计算技术将已经成熟的资源进行深度融合，为用户提供更加灵活的服务。对于欠发达地区，由于自身的 IT 建设相对较弱，IT 投资能力也有限，所以更倾向于使用第三方的公有云方式来使用 IT 服务。通过云计算技术，欠发达地区的 IT 投入大大降低，无论是硬件基础设施还是应用开发方面，都在很大程度上降低了成本。对于民族教育信息资源的软件开发商（者）而言，可以借助便利的云计算提供的相关平台来进行开发设计，不需要再去对开发环境和平台投入开发成本和运维成本。总之，云计算对以上地区和群体都提供了不同的便利，只是价值体现不同而已。

第二节　云环境下民族教育信息资源服务架构

一、云环境下民族教育信息资源服务架构层次

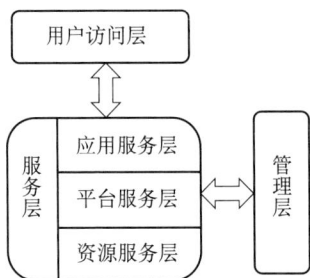

图 12-2　云环境下的民族教育信息资源服务架构层次

云环境下的民族教育信息资源服务架构主要有三个架构层次：用户访问层、服务层和管理层。其中，服务层又分为应用服务层、平台服务层和资源服务层。云环境下的民族教育信息资源服务架构层次[1][2]如图 12-2 所示。

云环境下的民族教育信息资源服务架构层次中的用户访问层主要提供用户的各种应用软件服务，从而方便用户使用云计算服务所需的各种支撑服务。该层主要是面向用户，针对每个层次的云计算服务都提供了相应的访问接口，为用户提供多种多样的接入，使得用户可以通过任何支持 Web 方式的客户端进入互联网络链接到该层架构。用户通过该层架构与底层的数据进行操作，包括数据存储、编辑、添加、删除、备份和远程共享等。

服务层，顾名思义就是为用户提供各种服务。在云环境下的民族教育信息资源服务架构层次中，云计算服务主要分为三种服务架构层次[3]。其中，资源服务层主要是指基础架构层面的服务，该服务主要把基础架构的各种功能提供给用户，使得用户可以基于服务搭建自己的应用。资源服务层隐藏了物理资源的复杂性，为用户提供了虚拟化的资源。资源服务层的服务包括服务器服务、网

①　雷万云 . 云计算技术、平台及应用案例 . 北京：清华大学出版社，2011.
②　宁宁 . 高校数字化教育资源云共享模式与机制研究 . 金华：浙江师范大学硕士学位论文，2011.
③　卢清 . 基于 SOA 的云计算数字化校园模型研究 . 大庆：东北石油大学硕士学位论文，2012.

络服务、存储服务和资源池服务等。平台服务层主要是针对云环境下民族教育信息资源服务软件开发商，为他们提供更加高效的开发平台与开发环境。该层通过对资源服务层进行封装，使得用户可以使用更加高级的服务构建自己的应用。服务层的最上面一层是应用服务层，主要为用户提供应用软件服务。对于个体用户，应用服务层能够提供个人信息处理、文本处理和沟通交流等各种服务。针对非个体用户，应用服务层能够提供各种信息管理、查询、编辑等处理管理服务。

云环境下的民族教育信息资源服务架构中的管理层提供了对所有层次云计算服务的管理功能，主要包括对民族教育信息资源服务的安全管理、服务目录管理、服务使用计量、服务质量管理、部署管理和监控管理。

二、云环境下民族教育信息资源服务角色

在云环境下的民族教育信息资源服务模型中，有三个核心角色：民族教育信息资源云端用户、民族教育信息资源云服务提供者和民族教育信息资源云平台运营商。民族教育信息资源云端用户指的是云环境下民族教育信息资源的最终使用者，包括个体用户、组织机构等。民族教育信息资源云服务提供者是指云环境下各种民族教育信息资源云计算服务的提供者，包括 SaaS、PaaS 和 IaaS 三类服务提供者。民族教育信息资源云平台运营商是指为云服务提供者提供各种基础资源、解决方案和服务的运营商。具体角色如图 12-3 所示。

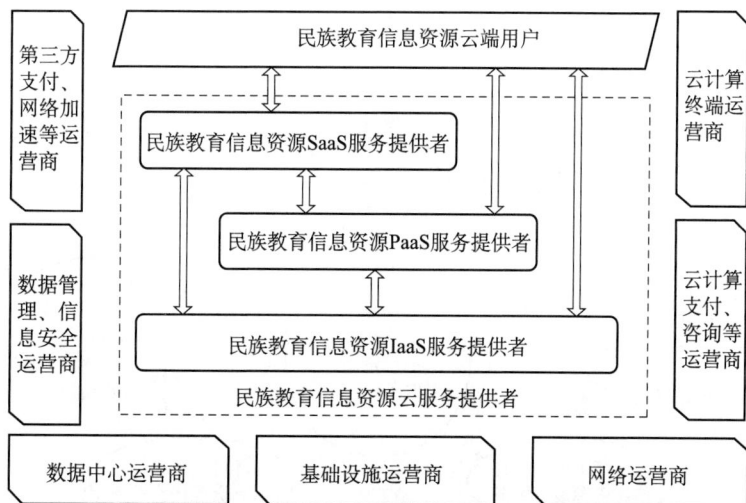

图 12-3　云环境下民族教育信息资源服务模型中的不同角色

在云环境下的民族教育信息资源服务模型中，云端用户使用云环境下的民族教育信息资源服务，云服务提供者设计、开发并发布云环境下的民族教育信息资源服务，云平台运营商提供并管理云环境下的民族教育信息资源相关平台基础架构。

云端用户在使用服务过程中不必了解云服务相关技术细节，只需根据自己的需要获取相关服务。普通用户的使用界面通常使用 Web 界面，与传统应用程序类似。针对特殊用户便在界面中加入相应需求的功能即可。

云服务提供者主要为云环境下的民族教育信息资源模型中的云端用户提供 IaaS、PaaS 和 SaaS 三种服务。

云平台运营商主要有两个职责：一是为云环境下的民族教育信息资源服务模型中的云端用户提供服务并保证服务质量；二是为云环境下的民族教育信息资源服务模型中的独立云服务提供运营服务的基础架构服务和平台服务。同时，云平台运营商根据云端用户的服务使用量进行计量，并对服务具体使用情况进行自动分配和管理。

三、云环境下民族教育信息资源服务流程

云环境下民族教育信息资源服务模型作为一个系统，其结构具有整体性，而且其功能具有一定的内在依据，即系统内部的组成要素能够以一定的规则有序地运行。系统结构能够反映出系统各个组成部分是如何相互联系的。根据云环境下民族教育信息资源服务模型的特征，我们从系统关系的角度来分析云环境下民族教育信息资源服务构成及其服务流程。具体如图 12-4 所示。

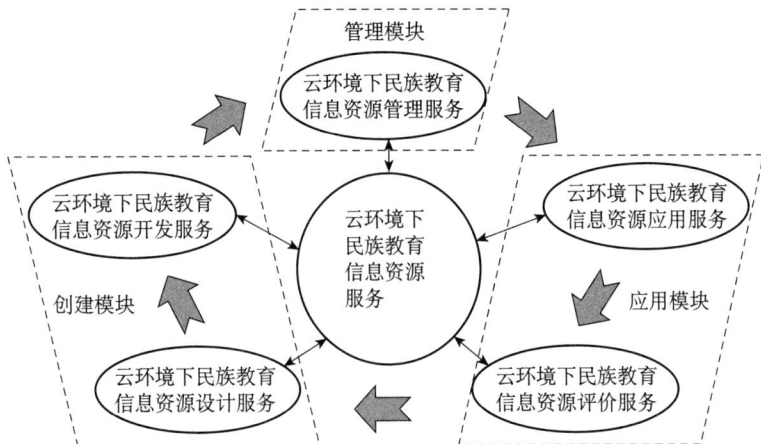

图 12-4　云环境下民族教育信息资源服务构成及其服务流程

从过程环境的角度来分析，云环境下的民族教育信息资源服务模型主要分为三个模块：创建模块、管理模块和应用模块。从云环境下民族教育信息资源服务角色来看，创建模块主要对应于云服务提供者，管理模块主要对应于云平台运营商，应用模块对应于云端用户。但是这里需要注意的是，这里每个模块又是由相应的服务子系统构成的，每个模块所包含的子系统本身也是服务，所以这里所说的"对应于"是指相对来说的绝大部分角色，并不代表全部的对应角色。

从服务流程的角度分析，云环境下的民族教育信息资源服务流程细分为五个步骤：设计、开发、管理、应用和评价。五个步骤之间相互联系，前一个步骤在一定程度上影响着下一个步骤的服务形式。同时，由于五个步骤自身也能够提供相应的服务，五个步骤也是云环境下民族教育信息资源服务的五个子系统。五个步骤相互联系，构成了一个有序的整体服务；五个子系统也能够各自为政，为用户提供相应的服务。用户根据需要，可以选择整个总系统的服务，也可以选择单个子系统的服务，还可以选择不同子系统组合的服务。

四、云环境下民族教育信息资源服务概念模型

软件架构是 IT 领域中一个相对较为新兴的软件工程的分支。IEEE 标准1471 是这样定义软件架构的："架构是一个具体表达为各个成分的系统的基本的组织形式，它们彼此间的关系以及和环境和原理的关系指导它们的设计以及发展。"我们依据 IEEE 标准 1471[①] 对云环境下民族教育信息资源服务模型进行分析与设计，具体概念模型如图 12-5 所示。

云环境下的民族教育信息资源服务系统是一个完整的系统，从图 12-5 中可知这个系统对应于一个云环境下的民族教育信息资源服务架构；云环境下的民族教育信息资源服务系统完成一项服务，即云环境下的民族教育信息资源服务；云环境下的民族教育信息资源服务系统存在于一个环境中，该环境主要由两部分组成，一部分是技术环境——云环境，另一部分是主题环境——民族教育信息资源服务环境。图中的云环境下的民族教育信息资源服务相关者不仅仅是服务使用者，还包括了服务提供者、服务管理者等，不同的相关者对云环境下的

---

① http：//wenku.baidu.com/link？url＝WgeUdnIFqFB5DEpz4srvDXFLJD3QxBfcpRxooepKZaAaR-KXJ097cZcS0Z4yWkIqytkn8_EkXwj2wFzkOgZLtGZL0YmxYn-gf6OYynW0bEq3.

民族教育信息资源服务架构的设计都有其不同的影响。此外，云环境下的民族教育信息资源服务环境对云环境下的民族教育信息资源服务系统和服务架构设计具有一定的影响，一个服务架构存在多个（至少是两个）服务架构描述框架。综上所述，在对云环境下的民族教育信息资源服务架构进行设计时，应该从多方面考虑。

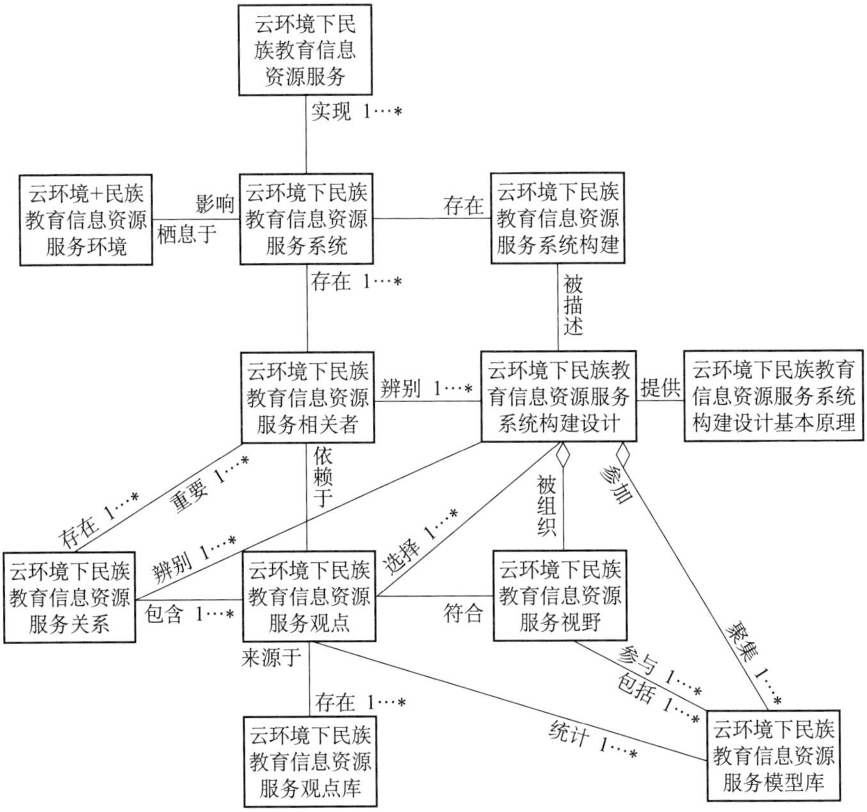

图 12-5　基于 IEEE 1471 的云环境下民族教育信息资源服务概念模型

五、云环境下民族教育信息资源服务模型总体架构

根据上述对云环境下民族教育信息资源服务的分析和服务架构设计的分析，依据对云环境下民族教育信息资源服务架构层次的设计，并结合云环境下民族教育信息资源服务的特点，下面分别从技术环境层面以及纵向和横向两个维度三个角度设计云环境下民族教育信息资源服务模型架构，如图 12-6 所示。

服务层从技术环境层面来区分主要分为两个组成部分：一部分是传统的民

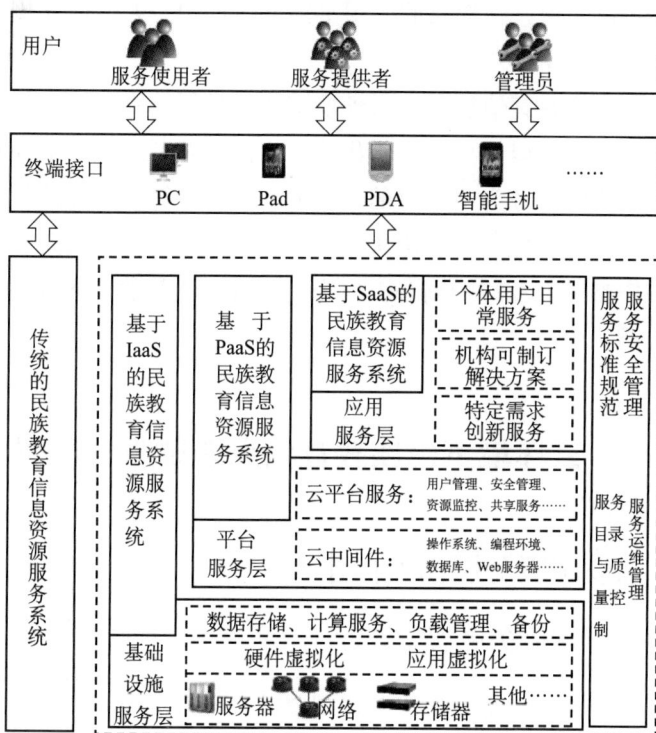

图 12-6　云环境下民族教育信息资源服务模型架构

族教育信息资源服务系统；另一部分是云环境下的民族教育信息资源服务系统。忽略技术环境层面，单从纵向维度来划分，该模型主要由四个系统构成，从左边到右边依次是：传统的民族教育信息资源服务系统、基于 IaaS 的民族教育信息资源服务系统、基于 PaaS 的民族教育信息资源服务系统和基于 SaaS 的民族教育信息资源服务系统。从服务层次来划分，该模型从横向维度进行划分分为三个层次：基础设施服务层、平台服务层和应用服务层。横向划分与前面提到的层次架构中的服务层的划分是一致的。服务层提供的服务在纵向和横向上具有一定的交错、融合和重合。云环境下民族教育信息资源服务模型横向分层的三个层次是模型的核心，也是模型纵向分类的四个服务系统的构建基础，所以模型的主要任务是围绕着横向分层的三个层次所提供的服务的构建、应用、运维和安全来展开。

　　管理层单从纵向来看，主要由四部分组成：服务安全管理、服务标准规范、服务目录与质量控制和服务运维管理。四个部分无论是纵向还是横向，或者是技术环境层面，都贯穿于模型的各个服务层面，保障了各类各种服务的提供与应用。从横向维度来说，管理层的应用主要是通过相关人员借助接口接入层的各个设备进行相关的操作来实现。

云环境下的民族教育信息资源服务模型的用户层、服务层和管理层三个架构层次层层紧密相扣，以为用户提供优质、快捷、高可用、安全性和具有弹性的民族教育信息资源服务为主要目的。该模型是云计算技术在民族教育信息资源服务中的具体应用。此外，无论从技术环境层面，还是从纵向和横向两个维度都可以对该模型进行相应的划分。作为一个具有价值的服务模型，下面将对其进行详细介绍。

第三节 云环境下民族教育信息资源服务模型构建

一、基础设施服务层模型构建

（一）基础设施服务层模型设计

云环境下民族教育信息资源服务模型基础设施服务层主要提供的服务类型为基础设施即服务，包括了计算即服务、网络即服务、存储即服务及其他服务。其中，计算、网络和存储三种服务是密不可分的，在现实使用过程中，某一项服务可能是三种服务中的一种服务，也可能是三种服务中的两两组合，还可能是三种服务的共同组合。该层次的功能架构由两部分组成（图 12-7），包括基础设施层和基础服务层。其中，基础设施主要是指物理基础设施资源（包括服务器、网络设备、存储设备、主机等一系列硬件资源）和虚拟化资源；基础服务包括数据存储、计算服务、负载管理和备份等。

在云环境下民族教育信息资源服务模型的基础设施服务层中，用户通过租用自己所需的基础设施（包括服务器、网络和存储等）来使用服务，而不需要再花费时间和费用来建立数据中心。为了为用户提供高灵活性、高可用性和低成本的基础设施服务，云环境下民族教育信息资源服务模型的基础设施服务层通过服务模型和简化、易于操作的模型接口来供用户调用。此外，该服务层采用抽象的方式整合各类异构物理资源，为随时提供服务做好充分的准备。云环境下民族教育信息资源服务模型的基础设施服务层模型如图 12-7 所示。

云环境下民族教育信息资源服务模型的基础设施服务层模型的核心资源包括计算资源、网络资源和存储资源。为了能让三种核心资源为用户提供快速且

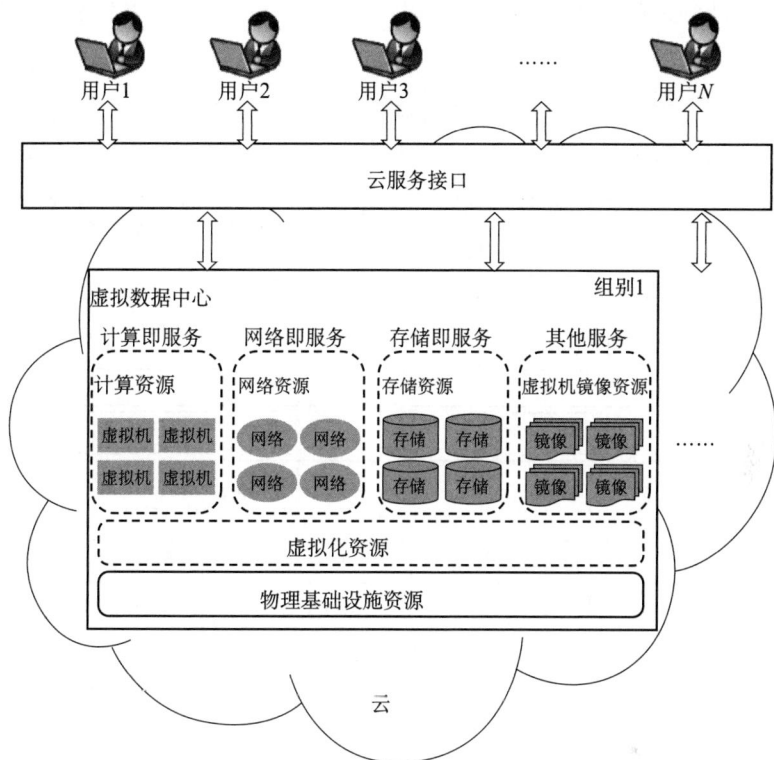

图 12-7　云环境下民族教育信息资源服务模型的基础设施服务层模型

具有弹性的高质量服务，云环境下民族教育信息资源服务模型的基础设施服务层模型中也不能缺少云、虚拟数据中心、虚拟机镜像、安全域、组别、云服务接口及用户等部分来对资源进行管理。图 12-7 中"云"上面的省略号表示云环境下民族教育信息资源服务模型的基础设施服务层中有海量如图中所示的虚拟数据中心群集供用户使用。用户之间的省略号表示云环境下民族教育信息资源服务模型的基础设施服务层能够同时供大规模数量的用户进行使用。云环境下民族教育信息资源服务模型的基础设施服务层模型中的服务通过云服务接口交付到用户端，为了保证服务的质量，服务接口的定义和规范起到了重要作用。

（二）基础设施服务物理拓扑的构建

在云环境下民族教育信息资源服务模型的基础设施服务层构建中，为了保证用户数据的安全，该层次的用户均使用 VPN 进行访问。为了实现资源的有效利用，每个物理服务器均被划分为若干个虚拟机，同时每个物理服务器还对应一个系统管理器对虚拟机进行自动化管理。基于整个层次的全局角度，应有一个云管理器进行整体监控和管理。所以，对云环境下民族教育信息资源服务模型基础设施服务层物理拓扑图如图 12-8 所示。

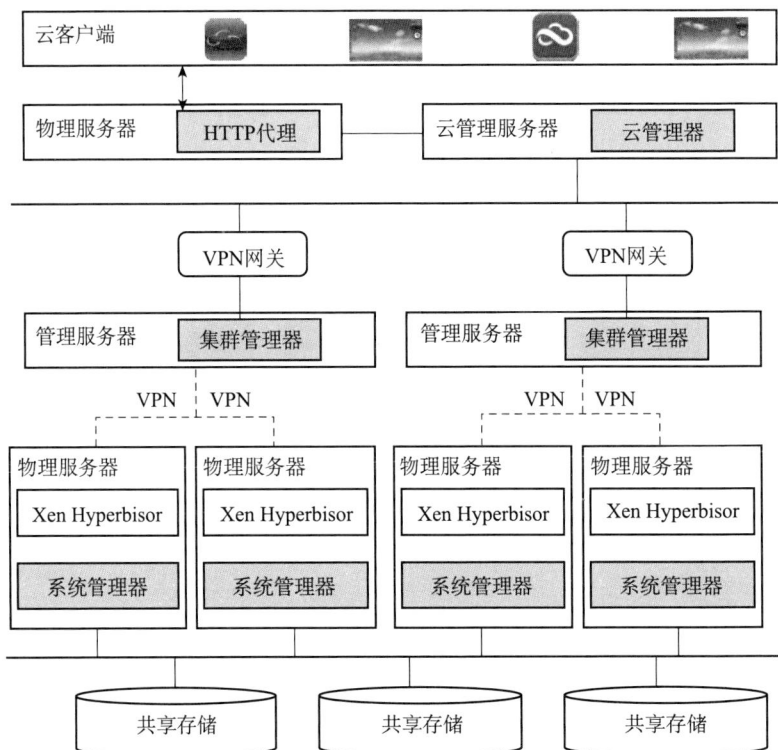

图 12-8　云环境下民族教育信息资源服务模型基础设施服务层物理拓扑图

从图 12-8 中可以看出，云环境下民族教育信息资源服务模型基础设施服务层的每一个物理服务器均安装了一个 Xen Hypervisor 虚拟环境和一个系统管理器。Xen 是一个由剑桥大学开发的开源 Hypervisor 程序。Xen 属于微内核 Hypervisor，其中策略与机制分离。Xen 系统的核心组件是 Hypervisor、内核和应用程序。这三个组件的组织很重要。与其他虚拟化系统类似，hypervisor 之上可运行许多客户操作系统[1]。系统管理器的主要功能管理独立于 Hyperbisor 方式的虚拟机。为了保证系统高可用性、高效率性和虚拟机的迁移操作，拓扑图中的共享存储发挥了很大的作用——将虚拟机的镜像文件和实例、实例状态持久化地放在共享存储中，而物理服务器的本地存储只用来缓存运行的实例。

---

① 云计算与分布式系统：从并行处理到物联网：3.2.1 hypervisor 与 Xen 体系结构．http：// book. 2cto. com/201302/15631. html［2013-02-01］．

（三）基础设施服务层服务流程构建

在构建好基础设施服务层的物理拓扑之后，下一个重要的步骤是确定云环境下民族教育信息资源服务模型基础设施服务层的服务流程。采用典型的基础设施服务层服务流程主要分为三个阶段：规划、部署和运行，如图 12-9 所示。

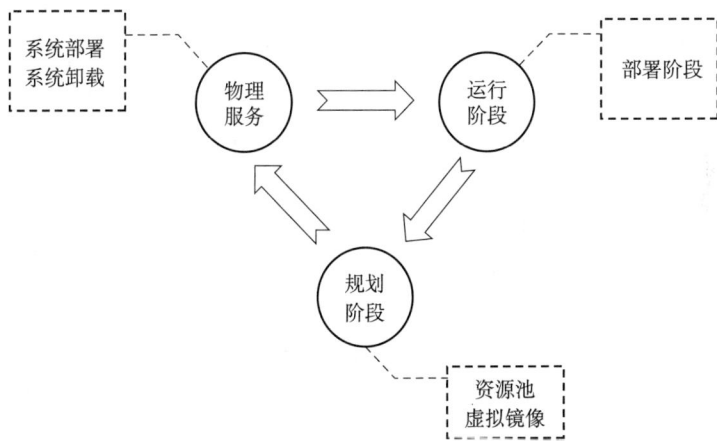

图 12-9　云环境下民族教育信息资源服务模型基础设施服务层服务流程

在基础设施层建立好物理环境的前提下，开始实行云环境下民族教育信息资源服务模型基础设施服务层服务流程的规划阶段的第一步，也是最基本的一步——抽象表示硬件资源的虚拟化，通过将物理服务器转化为若干个虚拟化平台来整合计算资源，从而形成了逻辑资源池。为了保证用户数据的安全性，在规划阶段，基础设施层通过对用户权限的设置来控制用户对资源池的访问，以及通过对数据和文件提供虚拟镜像管理，主要包括访问镜像和上传镜像服务，来保证数据的高可用性。在部署阶段主要解决两个重要的问题，即系统部署和系统卸载。系统部署主要指对规划阶段的资源池进行资源部署，即对虚拟机和虚拟解决方案进行部署，该过程主要是通过激活虚拟机的软件和服务来完成，从而提供了自动资源提供的功能，使用户能够根据自己的需要进行相关的应用系统的部署。随后到了运行阶段，用户已经能够根据自己的需求自助获取基础设施服务，为了保证服务的持续性，在此阶段需要对基础设施层进行资源监控、负载和安全、计费管理。

二、平台服务层服务模型构建

云环境下民族教育信息资源服务模型的平台服务层是运行在基础设施服务层之上的，该层次主要以平台软件和平台服务为核心，为应用服务提供开发、运行和运维环境，从而实现了云中间件的功能。故在云环境下民族教育信息资源服务模型中，基础设施服务层主要实现了硬件资源、IT 资源的虚拟化、自动化管理，而平台服务层的目标是为基于基础设施服务层的资源管理能力提供一个具有高可用性、高伸缩性和易于操作管理的云中间件平台。图 12-10 为云环境下民族教育信息资源服务模型平台服务层服务构建模型。

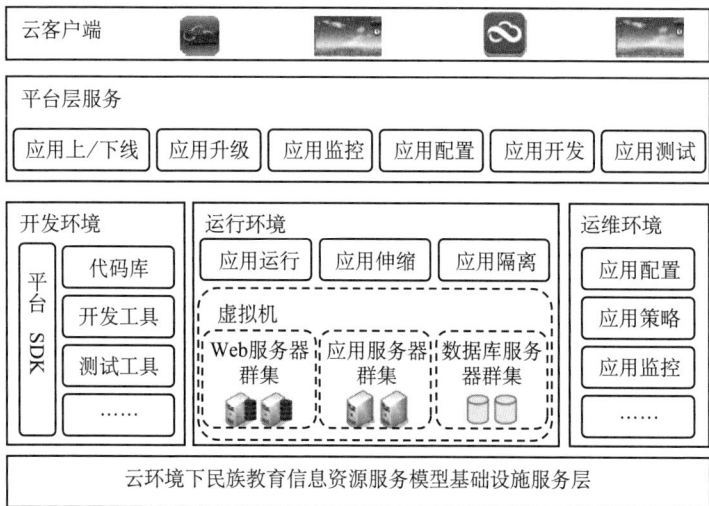

图 12-10　云环境下民族教育信息资源服务模型平台服务层服务构建模型

从图 12-10 中可以看出，平台服务层主要包括开发、运行和运维三个环境，为软件生命周期中的开发、部署和维护三个关键环节提供了夯实的基础环境。在开发环境中，用户使用平台服务层提供的平台 SDK 和集成的开发环境组成的服务来完成开发应用。在开发过程中，平台服务层也提供了模拟运行测试服务，便于用户对开发的程序进行调试。完成开发之后，用户将开发好的应用根据相关的规范标准进行打包、部署和激活，并在运行环境中运行，平台服务层为其提供了所需的环境，并对运行情况进行监控，对应用的运行情况进行调整，保证该应用能够自动、高效、高性能、高可伸缩地运行。最后，运维环境为用户提供的服务包括对应用的上/下线、升级、监控、配置、开发和测试等的管理。

三、应用服务层服务模型构建

云环境下民族教育信息资源服务模型中的应用服务层构建在基础设施服务层和平台服务层之上，最终通过应用服务层为用户提供具体的服务（包括云环境下民族教育信息资源服务模型中的所有服务）。云环境下民族教育信息资源服务模型中应用服务层作为最接近用户的层次，在为用户提供自身层次具有的服务外，也承接了下面层次提供的服务，故其在构建和设计时应该注意如图 12-11 所示的要点：服务整合、认证和安全、定价计费、服务管理和大规模多租户支持等。

图 12-11　云环境下民族教育信息资源服务模型应用服务层构建关键要点

服务整合主要是对云环境下民族教育信息资源服务模型横向分层三个层次的服务进行整合，为用户提供全方位的服务。服务整合也包含了现有的服务与用户需求整合，能对现有的服务进行进一步完善。认证和安全是为了保证用户数据、操作和使用服务的安全性。定价计费对应了云计算服务的基本特点之一——被计量的服务（measured service pay as you go）。服务管理主要是指对服务的开发、定制等的管理。大规模多租户支持是指模型能够支持同时服务于数量巨大的用户群。

第四节　民族教育信息资源云计算服务平台的设计与开发

一、民族教育信息资源云计算服务平台的功能模块

云环境下民族教育信息资源服务主要以"快速、弹性、便捷以及可被计量

的服务"为核心服务理念，最终能够使用户自助地随时随地通过移动终端获取民族教育信息资源服务，而民族教育信息资源云计算服务平台是连通云计算服务和用户的桥梁，其关系如图 12-12 所示。民族教育信息资源云计算服务平台主要显示云环境下的民族教育信息资源服务的详情，用户浏览相关信息之后，通过登录民族教育信息资源云计算服务平台对云计算服务提出请求，并获取服务。

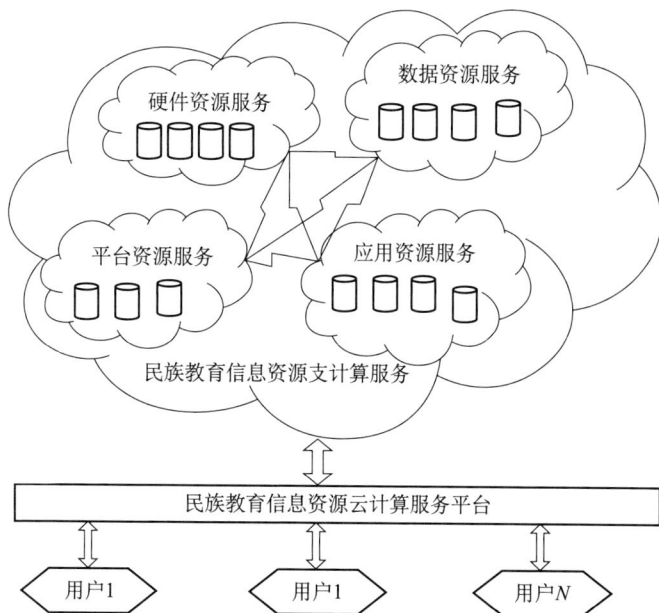

图 12-12　民族教育信息资源云计算服务与平台的关系图

作为连接用户与服务之间的桥梁，民族教育信息资源云计算服务平台应该解决的首要问题是平台的安全性，既要保证服务的安全性，又要保证用户数据的安全性，故该平台主要通过对用户和平台管理员进行身份认证的方式保证安全性。云环境下民族教育信息资源服务都是通过该平台来服务，故在对平台进行设计与构建时，对用户的操作功能尽量实现人性化、便捷化。同时，为了保证平台的稳定运行，也需要对平台进行相关的管理与维护。

图 12-13 为民族教育信息资源云计算服务平台功能结构图。从图 12-13 可知，民族教育信息资源云计算服务平台主要实现三大模块的功能：安全认证、用户账户功能及平台后台管理。

（一）安全认证

安全认证要实现民族教育信息资源云计算服务平台的统一身份认证，包括

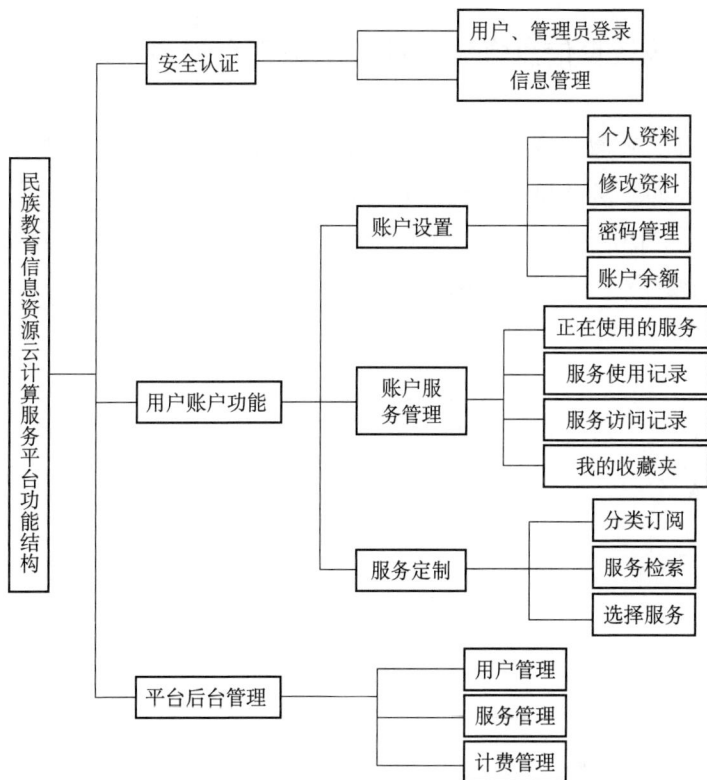

图 12-13　民族教育信息资源云计算服务平台功能结构图

用户及平台管理人员的身份认证。用户登录后可以进行个人基本信息的维护，最重要的是通过身份认证能够对自己所需服务进行相应的获取。平台管理人员登录后能够对平台的运行进行维护，从而保证了平台的安全性。

（二）用户账户功能

用户登录账户的最主要目的是获取自己所需服务，故其账户除了实现对自己的基本信息的管理之外，还实现了对服务的选择、定制、查询、收藏等各种功能。

（三）平台后台管理

平台后台管理主要实现了对平台用户的管理，对平台中服务的运行、使用情况进行监控管理，以及对服务进行计费管理等。

二、民族教育信息资源云计算服务平台用户获取服务流程

云环境下民族教育信息资源服务模型的构建都是围绕用户获取服务来建立的，故用户获取服务的整个过程都应做到快速便捷。用户登录平台首页浏览自己所需服务，当用户需要服务时便可以根据平台的服务流程来获取服务。用户获取服务的流程如图 12-14 所示。

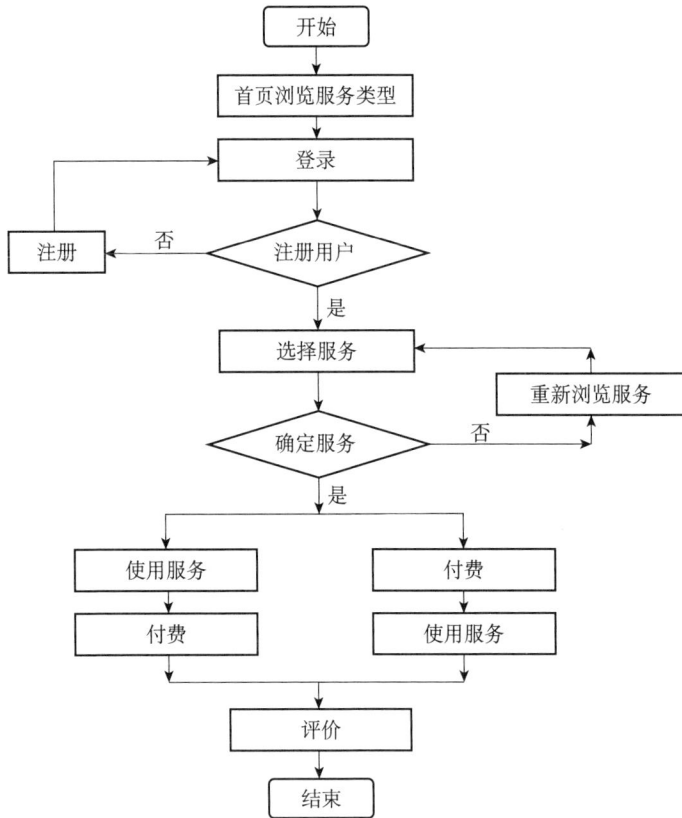

图 12-14　用户获取服务流程图

三、民族教育信息资源云计算服务平台的初步实现

本小节主要讲述民族教育信息资源云计算服务平台为用户提供服务的过程，对用户浏览、选择、获取和收藏服务的整个过程进行了实现。

（一）民族教育信息资源云计算服务平台服务浏览

平台的首页显示了平台中最受欢迎的五个热门服务，如图 12-15 所示。同时，用户可以浏览平台提供的应用软件服务、平台资源服务、数据资源服务和硬件资源服务四种主要服务。用户可以通过两种方式进入服务列表：①导航；②每个服务栏目后面的"更多"。图 12-16、图 12-17 所示的为平台资源服务列表页面和硬件资源服务列表页面。

图 12-15　民族教育信息资源云计算服务平台首页

各个资源的服务列表中主要显示了该资源服务栏目下的所有服务。服务列表中只显示了服务的简要信息，用户在该页面中对相关信息进行比较后进入选中服务的详细信息页面。用户点击"确认购买"按钮以后，便可以使用该服务。

（二）民族教育信息资源云计算服务平台用户登录管理个人信息

用户登录平台之后，不仅可以在前台继续浏览自己所需信息，也可进入"用户中心"进行个人信息管理。用户信息管理如图 12-18 所示。

在用户中心，用户除了能对个人信息进行管理之外，也能对自己的服务记录进行管理，如图 12-19 所示。

图 12-16　服务列表——平台资源服务列表

图 12-17　服务列表——硬件资源服务列表

图 12-18 用户中心界面

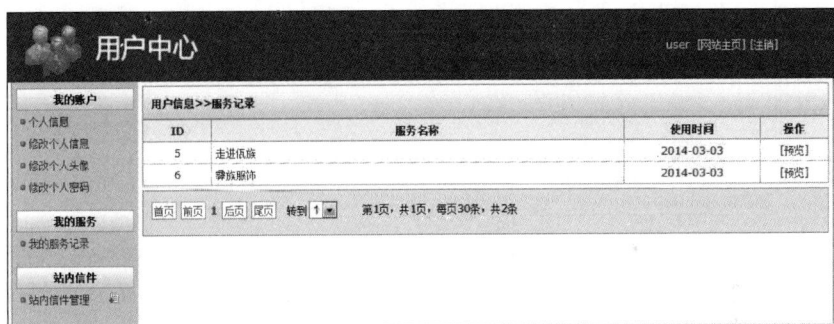

图 12-19 用户查看"我的服务记录"

(三) 民族教育信息资源云计算服务平台管理员登录后台管理

管理员登录界面同用户是一个入口，但是系统根据用户名判断用户的类型便进入相应的界面。管理员除了同上述（二）中用户具有同样的权限之外，同时也对平台的服务、平台的用户等进行管理，如图 12-20～图 12-22 所示。

图 12-20 管理员管理用户列表

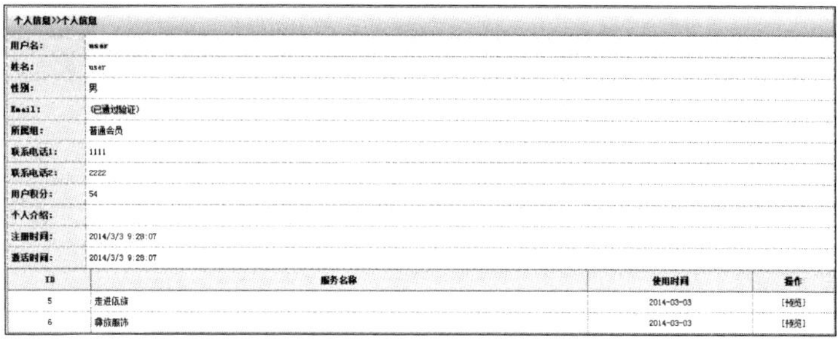

个人信息>>个人信息

用户名：	user
姓名：	user
性别：	男
Email：	(已通过验证)
所属组：	普通会员
联系电话1：	1111
联系电话2：	2222
用户积分：	54
个人介绍：	
注册时间：	2014/3/3 9:28:07
激活时间：	2014/3/3 9:28:07

ID	服务名称	使用时间	操作
5	走进佤族	2014-03-03	[预览]
6	彝族服饰	2014-03-03	[预览]

图 12-21　管理员管理用户个人信息

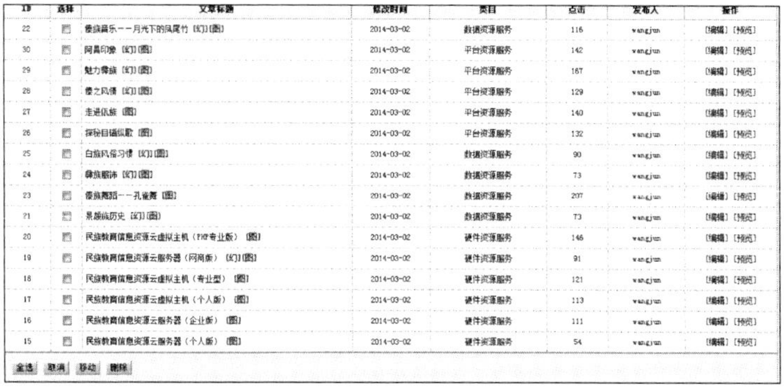

ID	选择	文章标题	修改时间	类目	点击	发布人	操作
22		傣族音乐——月光下的凤尾竹 [幻][图]	2014-03-02	数据资源服务	116	wangjun	[编辑] [预览]
30		阿昌印象 [幻][图]	2014-03-02	平台资源服务	142	wangjun	[编辑] [预览]
29		魅力彝族 [幻][图]	2014-03-02	平台资源服务	167	wangjun	[编辑] [预览]
28		傣之风情 [幻][图]	2014-03-02	平台资源服务	129	wangjun	[编辑] [预览]
27		走进佤族 [图]	2014-03-02	平台资源服务	140	wangjun	[编辑] [预览]
26		探秘目瑙纵歌 [图]	2014-03-02	平台资源服务	132	wangjun	[编辑] [预览]
25		白族风俗习惯 [幻][图]	2014-03-02	数据资源服务	90	wangjun	[编辑] [预览]
24		彝族服饰 [幻][图]	2014-03-02	数据资源服务	73	wangjun	[编辑] [预览]
23		傣族舞蹈——孔雀舞 [图]	2014-03-02	数据资源服务	207	wangjun	[编辑] [预览]
21		景颇族历史 [幻][图]	2014-03-02	数据资源服务	73	wangjun	[编辑] [预览]
20		民族教育信息资源云虚拟主机（PHP专业版） [图]	2014-03-02	硬件资源服务	146	wangjun	[编辑] [预览]
19		民族教育信息资源云服务器（网商版） [幻][图]	2014-03-02	硬件资源服务	91	wangjun	[编辑] [预览]
18		民族教育信息资源云虚拟主机（专业型） [图]	2014-03-02	硬件资源服务	121	wangjun	[编辑] [预览]
17		民族教育信息资源云虚拟主机（个人版） [图]	2014-03-02	硬件资源服务	113	wangjun	[编辑] [预览]
16		民族教育信息资源云服务器（企业版） [图]	2014-03-02	硬件资源服务	111	wangjun	[编辑] [预览]
15		民族教育信息资源云服务器（个人版） [图]	2014-03-02	硬件资源服务	54	wangjun	[编辑] [预览]

全选　取消　移动　删除

图 12-22　管理员管理服务

第五节　本章小结

本章通过对云环境下民族教育信息资源服务流程和服务架构的分析，结合云环境下民族教育信息资源服务的特征，设计了云环境下民族教育信息资源服务模型，并完成了云环境下民族教育信息资源服务模型的基础设施服务层模型、平台服务层模型和应用服务层模型的构建。在此基础上，初步完成了民族教育信息资源云计算服务平台的搭建和部分功能的实现。